Coleção Instant

Trabalho em Equipe

Motive e Energize sua Equipe  já!

Tradução
Celso Roberto Paschoa

Quebra-gelos
Aquecimentos
Interrupções

Coleção
Instant

Trabalho em Equipe

Motive e Energize sua Equipe **já!**

Brian Clegg
Paul Birch

QUALITYMARK

Copyright © 2002 by Brian Clegg e Paul Birch

Tradução autorizada do original em inglês Instant Teamwork,
publicado pela Kogan Page Limited.
Todos os direitos reservados.

Copyright © 2002 by Qualitymark Editora Ltda.

Todos os direitos desta edição reservados à Qualitymark Editora Ltda.
É proibida a duplicação ou reprodução deste volume, ou parte do mesmo,
sob quaisquer meios, sem autorização expressa da Editora.

Direção Editorial
SAIDUL RAHMAN MAHOMED
editor@qualitymark.com.br

Produção Editorial
EQUIPE QUALITYMARK

Capa
WAGNER DIAZ

Editoração Eletrônica
GRÁFICA NORTE RIO

CIP-Brasil. Catalogação-na-fonte
Sindicato Nacional dos Editores de Livros, RJ

C561t

Clegg, Brian

Trabalho em equipe: motive e energize sua equipe já / Brian Clegg, Paul Birch; tradução Celso Roberto Paschoa. – Rio de Janeiro : Qualitymark, 2003.

216p. – (Instant ; 6)

Tradução de: Instant Teamwork

ISBN 85-7303-377-0

1. Grupos de trabalho. 2. Motivação no trabalho.
I. Birch, Paul. II. Título. III. Série.

02-1845

CDD 658.402
CDU 65.012.6

2003

IMPRESSO NO BRASIL

Qualitymark Editora Ltda.
Rua Teixeira Júnior, 441
São Cristóvão
20921-400 – Rio de Janeiro – RJ
Tel.: (0XX21) 3860-8422

Fax: (0XX21) 3860-8424
www.qualitymark.com.br
E-Mail: quality@qualitymark.com.br
QualityPhone: 0800-263311

Agradecimentos

Ao Saint Mary's Youth Group, pelo estímulo para que eu iniciasse este trabalho. (Brian Clegg)

E, a Brian, por me persuadir a fazer parte do projeto deste livro. (Paul Birch)

Sumário

1. **A Necessidade** 1
   Trabalho em Equipe Imediato! 3
   Você já passou por isso 3
   Sinergia ou disrupção 4
   A natureza contrastante 5
   O "imediatismo" é essencial 6
   Jogos infantis 6
   O efeito verdadeiro 7

2. **Os Exercícios** 9
   Qual o conteúdo? 11
   Cadê o trabalho em equipe? 11
   Uma divisão artificial 11
   Quebra-gelos 12
   Aquecimentos 12
   Interrupções 13
   Preparação 14
   Prêmios 14

3. **Quebra-Gelos** 17
   3.1 Este é meu amigo 19
   3.2 Torre de babel 21
   3.3 Sim! 23
   3.4 Atividade de fim de semana 25
   3.5 Siga meu líder 27

3.6 Barbante e colher 29
3.7 Corrida de cavalinho 31
3.8 Fileira de olhos 33
3.9 Verdadeiro e falso 35
3.10 Eu sou e conheço 37
3.11 Escolha de pares 39
3.12 Chaves no círculo 41
3.13 Fitas numa caixa 43
3.14 Confie em mim, vou segurá-lo! 45
3.15 Sente-se no meu colo 47
3.16 Sentido e sensibilidade 49
3.17 Você é um animal 51
3.18 Você é maravilhoso porque... 53

4. Aquecimentos 55
4.1 Competição dos clipes de papel 57
4.2 Voleibol de bexigas 59
4.3 O túnel mágico 61
4.4 Estourando com energia 63
4.5 Sobre o quadrado 65
4.6 Nós 67
4.7 Algemas 69
4.8 Transformação 71
4.9 Rapaz encontra garota 73
4.10 Corrida de cavalos entre obstáculos 75
4.11 Círculo de energia 77
4.12 Passem-me energia! 79
4.13 Um quadrado extra 81
4.14 A máquina de pessoas 83
4.15 Competição do elástico 85
4.16 Provas do cão pastor 87
4.17 Tapete mágico 89
4.18 Competição das bexigas 91
4.19 Prontos para a contagem! 93
4.20 Rabos de vaca 95
4.21 Grupos de pares 97
4.22 Gigantes, bruxas e anões 99

4.23 Aspirar e soprar 101
4.24 Competição dos ímãs 103

5. Interrupções **105**

5.1 Construção de torres 107
5.2 "E"s. 109
5.3 Palavras de difícil pronúncia. 111
5.4 Compre de mim. 113
5.5 Datas de nascimento às escuras 115
5.6 Animais 117
5.7 Idéias para despedir alguém. 119
5.8 A a Z. 121
5.9 Lançamento de aviõezinhos de papel 123
5.10 O desenho errado 125
5.11 Desenhos abstratos 127
5.12 Quadrado mágico. 129
5.13 Deixe-me contar-lhe uma história 131
5.14 Navegador 133
5.15 Slogans absurdos. 135
5.16 Passando a responsabilidade 137
5.17 Que lixo! 139
5.18 Ferramentas inusitadas. 141

6. Alta Tecnologia e Alta Preparação **143**

As preparações dos exercícios 145
O kit de ferramentas de preparações. 145
6.1 Corrente de pessoas 147
6.2 Pescaria de contratos 149
6.3 Navegando na Internet. 151
6.4 Instantâneos 153
6.5 Fontástico. 155
6.6 Alerta de bomba 157
6.7 Regra das regras 159
6.8 Demônio da competição. 161
6.9 A cadeia da Web 163
6.10 Caça ao tesouro. 165

6.11 Construções com blocos Lego™............ 167
6.12 Objetos sem sentido..................... 169

7. Outras Fontes 171

Livros....................................... 175
Fontes da WEB............................... 175
Apêndice 1.................................. 177
O seletor aleatório........................... 181
Atividades ordenadas pelo trabalho em equipe 183
Atividades ordenadas pela função de quebra-gelo 185
Atividades ordenadas pela função de energia 187
Atividades ordenadas pela função de criatividade 189
Atividades ordenadas pela função de diversão........... 191
Atividades ordenadas pela facilidade de preparação...... 193
Atividades ordenadas pelo tempo de execução 195

1

A Necessidade

TRABALHO EM EQUIPE IMEDIATO!

Este livro está repleto de exercícios rápidos para melhorar o desempenho de equipes de trabalho. Você não dispõe de tempo? Isso não é desculpa. Não custa nada perder pouco mais de cinco minutos em um destes exercícios se você não está obtendo o máximo de seu grupo. Pode ser que sua equipe, grupo, ou curso sejam perfeitos. Talvez. Mas se isso for verdade, você se encontra em uma situação privilegiada. Para o restante de nós, visualizamos um recurso potencialmente poderoso em uma equipe. Como a maioria dos recursos poderosos, ela precisa de um certo grau de ajuste. Daí a importância de um "trabalho em equipe imediato!".

VOCÊ JÁ PASSOU POR ISSO

Você está trabalhando com uma nova equipe. Os membros estão nervosos. Eles não se conhecem. Não sabem realmente qual a função que vão desempenhar. Precisam de algo para derrubar as barreiras e colocá-los em movimento. Ou, talvez, sua equipe seja bem estabelecida, mas ainda carece de um certo impulso. As reuniões com as equipes são extremamente monótonas e sem brilho. Você sabe que todos poderiam contribuir muito mais.

É o primeiro dia de seu curso de treinamento. A metade dos participantes está lendo jornal. A outra, olhando como se preferisse estar em qualquer outro lugar.

Você reuniu um grupo de funções reciprocadas para atacar um grave problema de negócios. Todos conhecem qual é o problema, mas ninguém sabe como iniciar nessa tarefa. É preciso algo para estimular a energia criativa.

Estes exemplos são familiares? Deveriam ser. Todos nós já passamos por isso. Quer você esteja dirigindo uma equipe ou seja parte dela, quer esteja envolvido em uma reunião, treinamento ou em uma sessão de resolução de problemas, com freqüência há algo que não está operando muito bem. O que você necessita é de um rápido reparo.

SINERGIA OU DISRUPÇÃO

Todos sabem sobre a excelência das equipes. Apenas tente utilizar "trabalho em equipe" como um elemento negativo; isso não funcionará. Qualquer artigo acerca de gestão, comentário sobre jogo de futebol ou comunicado de uma empresa, persiste na mesma mensagem – que o grupo é o ideal. Compare o "membro de uma equipe" e o "indivíduo isoladamente" – qual deles você veria com mais freqüência em seu relatório de desempenho? Ainda, examine as equipes mais genuínas e você sempre constatará que algumas coisas ficam longe da perfeição.

O benefício teórico de uma equipe pode ser resumido em uma palavra – sinergia. Sinergia teve origem na Biologia, descrevendo a forma como uma combinação de diferentes partes de um corpo poderia prover, além de simplesmente a soma das partes. Mais recentemente, esse termo veio a ser aplicado de maneira similar a um grupo de pessoas. O trabalho em equipe supostamente combina os talentos dos indivíduos para gerar algo mais do que é possível com cada indivíduo tomado em separado. Todos nós podemos pensar em exemplos em que isso é verdade. Mas, igualmente, é possível pensarmos em casos nos quais o trabalho em conjunto de uma equipe tem resultados negativos.

"Equipes" podem apresentar conotações positivas, porém, em contrapartida, os "comitês" (um camelo é um cavalo planejado por comitê) e as "reuniões" ("outra reunião?"; tudo o que eu faço é ir de uma reunião para outra) têm sentidos muito diferentes.

Com freqüência, o resultado de reunir um grupo de pessoas não é prover sinergia, e sim disrupção. Na melhor das hipóteses, o resultado é entendiar a todos em um compasso de contribuição mínima. No pior dos casos, haverá uma supressão ativa de novas idéias e evidente perda de tempo. Isso quer dizer que toda a euforia existente sobre a utilização de equipes é exagerada? Em certas circunstâncias, sim. Há algumas atividades que funcionam melhor quando empreendidas por uma única pessoa. No entanto, de modo geral – e certamente no contexto de negócios –, as equipes podem contribuir com reais benefícios. O problema é: como você pode fazer com que um grupo de trabalho opere em conjunto? Isso auxiliaria no conhecimento do que está mantendo-os afastados.

A NATUREZA CONTRASTANTE

Uma equipe é um conjunto de indivíduos. Sempre. Esse é um daqueles postulados manifestos que, na maioria das vezes, é facilmente ignorado. É interessante imaginar uma equipe como uma unidade – uma entidade única. Isso implica foco e controle. No entanto, é uma ficção conveniente; só não verdadeira. A individualidade subjacente é essencial. É a razão pela qual você pode atingir sinergia. Se todos pensassem e agissem exatamente da mesma maneira, não seria possível conseguir algo diferente (exceto por uma maior contribuição física) – por exemplo, dez pessoas em vez de uma. Infelizmente, a individualidade também é um problema. Ela significa que um novo grupo atuará mal porque os membros parecem se desconhecer mutuamente. Precisamos tratá-los com cuidado até que se tornem familiares. Há uma necessidade de derrubar as barreiras – não pela remoção da individualidade, mas sim pelo aumento do conforto de eles se sentirem bem por estar reunidos.

Grupos de pessoas são muito bons em captar e amplificar o estado de espírito. Se houver um leve sentimento de tédio ou de baixa energia, a equipe como um todo, em um breve espaço de tempo, ficará desanimada. O desempenho cai. Há uma necessidade de incentivo. Algumas vezes, isso pode ser psicológico. Estimulantes, como café, reforços no consumo de açúcar, no caso de balas e doces, podem fornecer um rápido incremento de estímulo. Mas esses artifícios perdem muito em eficácia comparativamente a se encontrar um mecanismo para aumento da energia do grupo.

Grupos de pessoas também caem em rotinas. Esse é o problema com o *brainstorming*. É fácil ficar preso a uma linha particular de pensamento ou adquirir uma visão focalizada. Apesar da sinergia, os grupos, na verdade, podem reforçar a visão focalizada, reprimindo qualquer outro membro que surgir com uma idéia diferente. Um indivíduo dominante também pode conduzir um grupo a uma direção específica. Muitas vezes, há a necessidade de recuarmos desse processo e forçarmos, por um momento, para que os membros pensem de forma diferente. Quando o grupo retorna ao problema, essa atividade deveria ter movido os membros para bem longe de suas predisposições a fim de poder continuar seguindo seu rumo.

Os três requisitos – quebra-gelos para derrubar barreiras entre as pessoas; aquecimentos para aumentar a energia; e interrupções para mudar a direção do pensamento – constituem os fundamentos deste livro. Eles não são curas milagrosas para uma equipe debilitada, mas conferem o mesmo tipo de estímulo que as bebidas energéticas supostamente proporcionam aos atletas.

O "IMEDIATISMO" É ESSENCIAL

O "imediatismo" no título não é acidental. A menos que esses exercícios sejam muito rápidos, eles provocarão o próprio fracasso. Vão se interpor no caminho, em vez de contribuir para o grupo. Similarmente, devem estar disponíveis de imediato, sem aviso prévio. É possível prever que você necessitará de um quebra-gelo no início de uma sessão com uma nova equipe, ou que poderá precisar aquecer um grupo após o horário de almoço, mas com freqüência a melhor prática com esses exercícios é reativa. Todos estão sinalizando – vamos nos "embrear" em um aquecimento. Estamos ficando "encrencados", vamos ter uma interrupção. Esse é o motivo de entrar em ação o caráter instantâneo dos exercícios. O texto deste livro é um kit de primeiros socorros, além de um bem planejado estimulante da saúde.

JOGOS INFANTIS

Poderá haver alguma resistência à utilização desses exercícios. Eles são vistos como jogos infantis. Isso não é surpresa – muitos deles realmente o são. Alguns poderiam perfeitamente fazer parte de uma festinha de criança. No entanto, qual a razão de isso ser um problema? Se for, revela uma falta de entendimento das pessoas.

Ao desenharmos uma mudança na forma como uma equipe de trabalho deve operar, estamos atuando em um nível baixo. Embora as tarefas da equipe possam ser inteiramente cerebrais, a interação entre os membros da equipe tem muito mais correlação com o patamar gutural. Similarmente, o desenvolvimento de idéias pode ser lógico e oriundo do raciocínio, mas a centelha criativa original é algo mais profundo e sombrio. Dessa forma, é de surpreender o fato de que as atividades necessárias ao aperfeiçoamento de um trabalho em equipe operem em nível igualmente básico? O fato é que a atividade cerebral tende a reduzir energia e a interação, a aumentá-la. Gostando ou não, será preciso descer ao patamar dos fundamentos para a melhoria do trabalho em equipe.

Pode ser que você aprecie isso, mas haverá membros do grupo que não apreciarão, que se recusarão a tomar parte porque "isso é ridículo" ou "não condiz com a presença deles". Se esses eventos ocorrerem, é importante não ignorá-los. Dê a todos um intervalo de dois minutos para tomarem chá e leve os indivíduos para um canto. Explique a razão científica para terem de trabalhar no patamar gutural. Se isso não der certo, apele para seus espíritos de equipe – eles não precisam gostar das atividades, mas, por favor, queiram se dar bem com esse processo para melhorar o humor dos demais participantes. Se ainda não der certo (caso raro de ocorrer), talvez você tenha de considerar a remoção dele(s) do grupo. Sua(s) atuação(ões) poderia(m) tornar as contribuições tão negativas que o grupo com certeza operará mais eficazmente sem ele(s).

O EFEITO VERDADEIRO

Esta técnica não vai operar milagres, contudo utilizando-a nas duas formas descritas – como um recurso planejado para quebrar o gelo, para aumentar a energia, e como um kit de primeiros socorros quando a energia cair ou você se meter numa rotina – ela proporcionará uma contribuição enorme. Você aumentará a eficácia de sua equipe de trabalho, a qualidade de seu resultado e, talvez – o melhor de tudo –, a diversão de tomar parte no processo.

2

Os Exercícios

QUAL O CONTEÚDO?

Após este segundo breve e introdutório capítulo, você terá acesso à parte mais importante do livro *Trabalho em Equipe Imediato!* – os exercícios. Cada um deles é apresentado em um formato padrão, começando com algumas informações básicas: a preparação requerida, o tempo de duração do mesmo, requisitos do ambiente e restrições sobre o tamanho das equipes. A seguir, vem o exercício propriamente dito, com observações sobre o retorno, o resultado e as possíveis variações. Finalmente, há uma classificação por estrelas para ajudar na correspondência entre um exercício específico e seus requisitos particulares.

CADÊ O TRABALHO EM EQUIPE?

Pode parecer estranho em um livro denominado *Trabalho em Equipe Imediato!* que alguns dos exercícios tenham um número baixo de estrelas, no que tange à formação de equipes de trabalho. Na verdade, todos os exercícios, quer realizados individualmente, quer sob a forma de um grupo, são planejados para melhorar o trabalho em equipe em uma particular sessão. No entanto, algumas atividades têm um poder especial ao reforçar pontos fortes de equipes no longo prazo, e são justamente essas que detêm uma pontuação mais alta na categoria específica de formação de equipes de trabalho.

UMA DIVISÃO ARTIFICIAL

Os exercícios são divididos em três seções: quebra-gelos, aquecimentos e interrupções. Elas casam com os três requisitos previamente discutidos. Todavia, as divisões são francamente arbitrárias. Um bom quebra-gelo, na maioria das vezes, também provê aquecimento efetivo. Uma interrupção estimuladora de criatividade freqüentemente aumentará a energia, de forma similar a um aquecimento. Por essa razão, no Anexo, temos algumas tabelas de referência para consulta rápida. Se você estiver procurando um exercício para aumento de energia, a tabela de alta energia o encaminhará diretamente aos exercícios apropriados. O fato de ficar preso as suas categorias, ou não, depende unicamente de você; utilize o livro da forma que melhor atender as suas necessidades.

QUEBRA-GELOS

A primeira seção lida com exercícios idealizados para derrubar as barreiras entre pessoas, quer você esteja lidando com uma nova equipe, um grupo de pessoas de diferentes divisões da empresa (ou do mundo), quer simplesmente uma situação peculiar, nova. Nervosismo, timidez e inibições podem ser barreiras para uma atuação efetiva de um grupo.

Um estilo de quebra-gelo atua no nível social. Aqui, descobrimos um pouco mais sobre as outras pessoas do grupo. Seus nomes, interesses, o que elas fazem em seu tempo livre. Essa é uma versão acelerada de uma normal interação social, movendo os membros da equipe de trabalho de estranhos à parte de nosso grupamento social. Outros quebra-gelos são físicos, colocando as pessoas em maior proximidade física e forçando-as a interagir. Como isso é inaceitável com estranhos, os outros membros do grupo são automaticamente forçados de uma condição de serem "eles" para serem "nós".

AQUECIMENTOS

O propósito geral de um aquecimento é aumentar a energia do grupo. Independentemente do objetivo da equipe, ela será mais produtiva se os membros tiverem altos níveis de energia. Os dois mecanismos-chaves de um aquecimento são: atividade física e risadas. Pela sua própria natureza, as equipes de negócios são essencialmente sedentárias, em geral trabalhando em escritórios superaquecidos e com ar-condicionado operando em condições não tão perfeitas. O lado físico dos aquecimentos contribui para responder ao efeito paralisante do ambiente. Algumas vezes, basta apenas retirar as pessoas de suas cadeiras, ou fazer com que elas saiam do local de trabalho, durante um ou dois minutos. Mas há mais coisas envolvidas com o aspecto físico. Atividade estimula o corpo e, conseqüentemente, o cérebro, no sentido de uma ação mais efetiva; não só contrapondo à letargia, mas também positivamente aumentando a eficácia.

O segundo fator, risadas, é ignorado com facilidade. Afinal de contas, todos nós estamos envolvidos em negócios sérios. No entanto, as risadas constituem uma força poderosa para aumentar a energia. Muitos dos exercícios de aquecimento estimularão os membros das equipes a dar risadas – das suas próprias idéias e ações e das tentativas dos demais participantes. Essas risadas são uma força positiva no exercício de superar a letargia e melhorar a produtividade.

INTERRUPÇÕES

Todos nós já passamos por situações em que estávamos tentando resolver algo. Simplesmente não há jeito de se fazer isso. É impossível. Dessa forma, coloque o seu problema de lado por um período de tempo e faça algo diferente. De alguma maneira, quando você retornar a ele, um novo ângulo torna-se visível. O problema não é tão refratário quanto havia pensado.

Esse enfoque tem uma aplicação mais geral em criatividade. Foi comprovado que uma breve distração, lidando com algo diferente, melhorará a criatividade individual ou de um grupo, quando tratamos com um particular problema. Isso não deveria constituir surpresa. A distração provê um novo ponto de partida – um novo ponto de vista –, quando do retorno ao problema.

Esta é a base para a interrupção. Quando a equipe estiver "encrencada", quando estiver faltando criatividade, quando a situação necessitar de um pouco de inspiração, uma interrupção pode auxiliar a derrubar o túnel do raciocínio rotineiro. Algumas vezes, ela é de difícil realização. Os membros da equipe podem argumentar que você está interrompendo a concentração do grupo – eles querem prosseguir com o trabalho. Mas quando você está caminhando na direção de um "beco sem saída", o tempo gasto no exame de uma direção diferente vale a pena.

PREPARAÇÃO

Na medida do possível, estes exercícios não requerem preparação. Às vezes, haverá necessidade de acessórios simples, normalmente itens que podem ser encontrados em qualquer ambiente de trabalho, mas tais requisitos são mantidos numa quantidade mínima. Isso é essencial para assegurar a natureza instantânea dos exercícios, contudo não faça vistas grossas àqueles que necessitam de um pouco de trabalho prévio. Em algumas situações esses acessórios podem prover um exercício de muito mais recursos. Há algo especial sobre usar alguma coisa física, algo que você possa tocar. Por essa razão, há uma breve seção de exercícios envolvendo tecnologia ou outras preparações mais demoradas. Nem sempre elas serão úteis, mas particularmente impressionam.

Para exercícios programados, a preparação não será um problema. Até mesmo um exercício de improviso pode ser planejado. Talvez você não saiba que precisará de uma interrupção às 15h dessa tarde, mas é possível ter uma interrupção preparada para quando você necessitar dela. Mesmo se não existir um exercício planejado, se este tiver somente uma preparação limitada, é possível fazer com que os participantes da equipe desfrutem de um período de descanso de cinco minutos, enquanto você se prepara. No entanto, resta uma quantidade enorme de exercícios que não necessita nada mais além das pessoas e deste livro. A escolha é sua.

PRÊMIOS

Os prêmios, em absoluto, não são essenciais, porém, se estiverem presentes, podem contribuir para a eficácia de um exercício. Não importa qual a nossa idade, há algo excitante em competir por um prêmio. Ele confere uma urgência extra a uma tarefa, um objetivo concreto, e não o objetivo inconsistente de se melhorar um trabalho em equipe. Entretanto, eles devem ser utilizados com prudência. Normalmente, o prêmio deverá ser simples, de forma tal que aqueles que o perderem não se sintam depreciados. Prêmios infantis e pequenos, como é o caso de lembrancinhas de Natal, caem bem nesses casos. Um presente bastante útil são alguns sacos de balas contendo grandes quantidades de pacotes menores. Eles ainda têm o duplo benefício de suprir as pessoas com níveis maiores de açúcar, e é possível planejar o exercício para dar um prêmio a cada grupo ou participante, para que se evitem divisões no grupo.

3

Quebra-Gelos

3.1 | *Este é meu amigo*

Preparação: Nenhuma.
Tempo de duração: Um minuto para cada membro da equipe.
Ambiente: Formato de sala padrão, contanto que todos possam ver as outras pessoas presentes. Mesas circulares ou com formato em U são as mais adequadas.
Equipes: Participação individual dos membros; grupo pode ter qualquer tamanho, desde que os membros fiquem em torno de um círculo.

Cada membro do grupo se reveza ao apresentar a pessoa sentada ao lado. Eles têm 60 segundos para contar ao restante do grupo detalhes sobre essa pessoa. O nome do assunto deve ser apurado, mas todas as outras coisas podem ser inventadas. Talvez você queira conceder ao grupo alguns minutos para, primeiramente, gerar idéias, ou o restante do grupo ainda estará formatando sua própria apresentação, deixando de prestar atenção em seus colegas.

Feedback Quanto mais bizarra a associação, melhor a chance de se lembrar do nome da pessoa, especialmente se o nome for repetido diversas vezes ao longo do exercício. Seja criativo, mas esteja ciente da existência de possíveis constrangimentos.

Resultado Este exercício é um autêntico quebra-gelo. Ele serve a dois propósitos. A necessidade de apresentar alguém pelo nome aumentará o conhecimento desse nome, particularmente pela pessoa que está efetuando a apresentação – se a apresentação for especial, o nome também poderá ser bem assimilado por vários dos outros participantes. O exercício ainda contribui para derrubar inibições iniciais, fazendo com que os participantes façam algo um tanto estúpido, mas de risco muito baixo.

Variações   Para aumentar o poder deste exercício como um quebra-gelo e colocar mais diversão, é possível estabelecer vários limites. Por exemplo: deverá haver pelo menos dez afirmações sobre o indivíduo, e o processo todo não poderá exceder 60 segundos. Os outros participantes podem estar equipados com uma arma, no caso de o apresentador gaguejar ou ultrapassar o tempo, possivelmente bolas de espuma macia ou uma pistola de água (veja Capítulo 6 para mais informações). Poderá também acontecer, ocasionalmente, que algo verdadeiro seja dito sobre um tema por acidente – novamente isso poderia ser motivo de desagrado e utilizado como desculpa para se atirar algum objeto ou molhar o participante.

Formação de equipe	✪✪
Quebra-gelo	✪✪✪✪
Energia	✪✪
Criatividade	✪✪
Diversão	✪✪✪✪

3.2 | Torre de babel

Preparação: Dois blocos de papel A-4 (ou de carta), duas canetas marcadoras para uso em quadros de exibição de folhas móveis.
Tempo de duração: Cinco minutos.
Ambiente: Bastante espaço aberto para que todos os integrantes participem. Cadeiras e mesas contribuiriam muito.
Equipes: Duas equipes com um número mínimo de dez pessoas.

Divida o grupo em duas equipes com o mesmo tamanho (com um grupo de tamanho grande, não importa muito se um é maior do que o outro). O exercício é uma corrida contra o tempo. Cada pessoa, nas duas equipes, deve escrever o número de letras de seus nomes num pedaço de papel. Elas, a seguir, devem dispor-se em um grupo, de tal forma que suas cabeças fiquem na ordem descendente dos tamanhos dos nomes – nomes curtos na posição mais alta, nomes longos na posição mais baixa, e mesmo tamanho de nome na mesma posição. Cada pessoa deve segurar a folha de papel, com seu respectivo tamanho de nome, presa aos dentes. Todas as folhas devem ser legíveis para quem as olha de frente. Nenhum pé ou joelho poderá estar tocando o piso, ou o seu revestimento.

Feedback Esteja preparado para reiniciar uma equipe que não tenha cumprido plenamente com as regras. Com um grupo de tamanho razoável, haverá necessidade de utilizar cadeiras e/ou mesas para ganhar altura na direção do fundo da sala. Não desencoraje isso.

Resultado Esta atividade poderia adaptar-se bem como um aquecimento ou interrupção. Nós a incluímos como um quebra-gelo porque envolve um pouco de comunicação entre as equipes sobre os nomes, e a interação física de proximidade é proveitosa, no sentido de quebrar o gelo entre os participantes.

Variações Com menos de dez pessoas, você pode realizar este exercício com uma única equipe contra algum limite de tempo arbitrário. Obviamente, isso depende do número de pessoas – cerca de um minuto funcionaria com nove pessoas. Embora não seja essencial, esta é uma excelente atividade para a utilização de uma câmera fotográfica instantânea (veja Capítulo 6 para maiores detalhes sobre seu uso). Uma foto de cada equipe configura um excelente ponto de conversação nos intervalos para o café, enquanto que cópias escaneadas de fotografias (ou retratos digitais) podem ser incorporadas ao retorno após o evento para obtenção de bons resultados.

Formação de equipe	✪✪✪
Quebra-gelo	✪✪✪
Energia	✪✪✪
Criatividade	✪✪
Diversão	✪✪✪✪

3.3 | Sim!

Preparação: Nenhuma.
Tempo de duração: Um minuto.
Ambiente: Bastante espaço aberto para que todos os participantes se situem em um círculo.
Equipes: Grupo único, sem restrições.

Faça todos os participantes ficarem de pé em um círculo, segurando mutuamente suas mãos. Peça-lhes que se agachem. Explique que você em breve dirá "sim", "sim" e "sim" ritmicamente, em um tom cada vez mais alto, e que eles terão de começar a se levantar, até que o processo finalizará com o grupo pulando no ar e gritando 'SIM!'. Realize o exercício.

Feedback Explique que esta atividade provavelmente vai fazê-los se sentirem muito estúpidos – e que esse sentimento não é uma coisa ruim. Há duas razões para este exercício. Uma é que geralmente sentimo-nos tolos quando surgimos com novas idéias ou pensamentos originais. Como você quer que eles sejam originais e inovadores, é preciso superar essa resistência de se sentirem ridículos. Prática ajuda – esta é uma "cartilha da tolice". A segunda razão pela qual o exercício é executado diz respeito a colocar o grupo em uma disposição de espírito mais positiva. Mesmo se os participantes sentirem-se bastante infantis, vão adquirir um forte arrebatamento e sentimento de propósito compartilhado pela natureza totalmente positiva do conteúdo.

Resultado Da mesma forma que o ocorrido com muitos quebra-gelos, há componentes de aquecimento e interrupção neste exercício. É importante que você forneça a resposta explicando as argumentações, pois de outra forma alguns participantes (particularmente os oriundos de culturas que reprimem sentimentos –

como os britânicos) vão se sentir negativos sobre ele. Dado esse retorno, você pode ter introduzido alguma energia, tornando-os conscientes de uma possível anulação de criatividade e reunido-os mais próximos uns dos outros.

Variações Um bom passo é repetir o exercício após o retorno. Agora que os participantes conhecem as razões por detrás do que estão fazendo, vão se sentir mais positivos e extrair mais benefícios dele. Esta variação é positivamente recomendada, se houver tempo disponível (afinal de contas, trata-se de um exercício muito rápido). Para melhorar o aspecto de quebra-gelo, você pode fazer com que os participantes tenham seus nomes grudados aos mesmos à medida que tomam parte da brincadeira – a situação, em um certo grau, reforça a retenção de nomes.

Formação de equipe	✪✪✪
Quebra-gelo	✪✪✪
Energia	✪✪✪
Criatividade	✪
Diversão	✪✪

3.4 | Atividade de fim de semana

Preparação: Nenhuma.
Tempo de duração: Trinta segundos para cada membro da equipe.
Ambiente: Formato de sala padrão, contanto que todos possam ver as outras pessoas presentes. Mesas circulares ou com formato em U provavelmente são as mais adequadas.
Equipes: Participação individual dos membros; grupo pode ter qualquer tamanho, desde que os membros fiquem em torno de um círculo.

Cada membro do grupo anota em uma ficha seu nome e alguma atividade que fez no fim de semana. Devem ser coisas verdadeiras, mas as mais inusitadas possíveis. Ele passa estes dados à pessoa na sua direita. Começando em uma posição qualquer, um participante apresenta a pessoa à sua esquerda ao grupo e diz o que ela fez no fim de semana. A próxima pessoa, à direita da anterior, em seguida, apresenta a outra à sua esquerda, diz o que ela fez no fim de semana, e também repete as informações originais. À medida que você circula em torno do grupo, vai se formando uma cadeia mais longa de informações sobre os membros participantes da mesa.

Feedback Associar uma atividade, particularmente se ela for inusitada, com um indivíduo ajudará a identificar seu nome dos demais, igualmente ao que ocorre com a repetição.

Resultado Da mesma forma que na seção "Este é meu Amigo" (3.1), este exercício é basicamente planejado para conferir aos membros de um novo grupo maior familiaridade com os nomes dos demais participantes. A atividade de fim de semana também fornecerá uma perspectiva sobre um diferente aspecto do indivíduo, além do que pode ser visto em um contexto de trabalho. Ela ainda pode constituir uma reflexão valiosa para quando nos envolvermos em trabalhos criativos.

Variações   Com grupos com mais de cerca de dez pessoas, talvez você queira reiniciar a cadeia a cada dez pessoas, de forma que a carga não seja grande demais para iniciações posteriores. Administre com simplicidade; as pessoas que chegam atrasadas na cadeia não conseguem o mesmo nível de reforço, pois seus nomes não são repetidos com tanta freqüência. Quando você tiver trabalhado ao longo da mesa, considere passar a ficha com as informações para dois lugares à esquerda, de forma que ela agora fique à esquerda da pessoa que está descrevendo. Certifique-se de que a pessoa sobre a qual falaram por último é a primeira a ser descrita nesse momento; dessa forma, elas obtêm uma repetição extra.

Formação de equipe	✪✪
Quebra-gelo	✪✪✪✪
Energia	✪✪
Criatividade	✪✪
Diversão	✪✪✪

3.5 | Siga meu líder

Preparação: Duas listas de nomes de participantes: uma em uma ordem ao acaso, não alfabética, numerada de cima para baixo; a outra, dividida em tiras individuais de papel, numerada na mesma ordem que a folha aleatória.
Tempo de duração: Mais de cinco minutos.
Ambiente: Sala para os participantes ficarem de pé.

Inicie certificando-se de que suas listas de nomes correspondem aos participantes, sem apontar quem é quem. Durante o exercício, ninguém poderá usar um crachá, ou seu próprio nome. Forneça a cada membro do grupo uma tira de papel com o nome de outra pessoa nele. Eles não devem se soltar dessa tira. O objetivo do exercício é para a equipe terminar se alinhando numa fila na ordem que você tem em sua lista (baseado na numeração das tiras – sua lista não é exibida). Reforce o fato de que, sob qualquer circunstância, nenhuma pessoa deve utilizar seu próprio nome.

Feedback Há dois requisitos neste exercício: obter os nomes na ordem correta e fazer a correspondência entre os nomes e as pessoas. Descubra como a equipe decidiu o que fazer – houve alguma discussão, ou as pessoas simplesmente se lançaram no exercício? Houve alguma tática orquestrada? Qual o grau de sua eficácia?

Resultado Este exercício funciona melhor com um número maior de participantes. Quanto menos o grupo conhece seus membros, mais efetivo ele é. Ele não resultará em todos conhecendo os nomes dos demais participantes, mas os nomes ficarão familiares e cada membro deverá ganhar um bom conhecimento de, ao menos, um nome. Há um caos muito grande quando cada um deles grita o nome escrito em sua tira de papel.

Variações   Isso funciona melhor como um exercício de grupo, mas é possível dividi-lo em equipes. Pode ser necessário se o grupo for extremamente numeroso. Lembre-se, no entanto, de que os exatos participantes de qualquer evento no dia podem ser diferentes de sua lista. Contar com diversas listas torna a administração inicial mais complicada. Uma variante de menor importância é terminar com o grupo chamando seus nomes em ordem – isso reforça a absorção dos nomes e contribui para sua conferência de que eles tiveram sucesso na tarefa.

Formação de equipe	✪✪✪
Quebra-gelo	✪✪✪✪
Energia	✪✪✪
Criatividade	✪✪
Diversão	✪✪✪✪

3.6 | Barbante e colher

Preparação: Para cada equipe, uma colher de sobremesa amarrada firmemente a um longo pedaço de barbante (2 m para cada membro da equipe).
Tempo de duração: Cinco minutos.
Ambiente: Sala para os participantes ficarem de pé no mesmo espaço.
Equipes: Duas ou mais equipes; no mínimo, quatro ou cinco pessoas por equipe.

Forneça a cada equipe uma colher e o barbante. Numa corrida contra o tempo, a equipe vencedora é a que primeiro tiver a colher presa à outra extremidade do barbante (dispondo a equipe como um feixe), com o barbante passando para cima e para baixo de conjuntos alternados de roupas dos membros da equipe. O barbante deve passar, no mínimo, por uma peça de vestuário da parte superior e por uma peça de vestuário da parte inferior do corpo. Avise os participantes sobre os perigos de ardores devidos à fricção se o barbante for puxado muito rapidamente.

Feedback Confira pequenos prêmios para cada equipe que dê conta em competir no exercício, sendo que cada vez mais os prêmios vão tornando-se ligeiramente menos interessantes, de modo que haja um incentivo a continuar no exercício quando a primeira equipe tiver finalizado. Sinta-se à vontade para comentar durante e após o exercício sobre quaisquer pontos interessantes, uso das roupas, comentários inusitados feitos pelos participantes, e assim por diante. Como é muito mais fácil fazer a colher descer do que subir, pergunte como a equipe decidiu quem a passaria subindo por suas peças de vestuário.

Resultado Este é um exercício para aumento de energia, mas se qualifica como um quebra-gelo pelo fato de levar os participantes a um contato físico muito próximo, além de que a necessidade de pensar acerca de onde o barbante está passando inevitavelmente derruba um pouco da frieza e barreiras que podem estar presentes no início. O efeito de quebrar o gelo continua assim que o barbante é removido. Funcionando no passado como um quebra-gelo em festas, este exercício tem simplesmente a mesma eficácia quando aplicado a grupos de negócios.

Variações Monitores particularmente sádicos deste exercício poderiam gostar de manter as colheres em um refrigerador até momentos antes do seu início, maximizando o desconforto. Provavelmente, é aconselhável que não se utilize um *freezer*.

Formação de equipe	✪✪
Quebra-gelo	✪✪✪✪
Energia	✪✪✪
Criatividade	✪✪
Diversão	✪✪✪✪

3.7 | Corrida de cavalinho

Preparação: Uma venda de olhos para cada equipe; montagem da rota com obstáculos.
Tempo de duração: Cinco minutos.
Ambiente: Sala para montar uma rota com obstáculos para que uma pessoa de cada equipe possa circundá-la simultaneamente.
Equipes: Duas ou mais equipes; grupo total relativamente pequeno.

O exercício consta de uma corrida de cavalinho de revezamento. O grupo é dividido em equipes com um número par de participantes (se for ímpar, uma pessoa participa duas vezes). Cada pessoa carrega um outro membro da equipe em suas costas, ou é carregado, em torno de uma rota com obstáculos. Quando eles retornam ao ponto de partida, o próximo par de sua equipe parte. A pessoa que carrega o companheiro é vendada nos olhos, deixando a quem monta o encargo de orientá-la pela sala. A venda de olhos é o bastão – o segundo par não pode partir até que haja o retorno do primeiro e até que a venda seja colocada nos olhos do segundo carregador. A rota de obstáculos pode ser de vários tipos – desde uma rota mais complexa à disposição simples de mesas e cadeiras em uma sala de reunião. Não importa se o espaço é apertado entre esses caminhos, contanto que todas as equipes possam correr ao mesmo tempo e que existam locais que possibilitem a passagem entre elas.

Feedback Encoraje as equipes a estimularem seus participantes, para formar a atmosfera e dificultar a comunicação entre o carregador e a montaria. Um pequeno prêmio para a equipe vencedora será apreciado. Descubra da equipe vencedora como os carregadores e as montarias se comunicaram. Obtenha alguma resposta de todos os participantes do grupo sobre como eles se sentiram fazendo o exercício.

Resultado Há muitos movimentos e barulho neste exercício, tudo proveitoso para aumento da energia quando mais tarde houver a sessão. As palavras para quebrar o gelo nos dois níveis contribuem para a harmonia da equipe, mas também especificamente do carregador e da montaria.

Variações A variação mais fácil de ser trabalhada é o grau de comunicação entre o carregador e a montaria. Tente o exercício, não permitindo qualquer forma de comunicação. Na forma básica, qualquer pessoa é um carregador ou uma montaria; é possível requerer que cada uma assuma as duas funções. Certifique-se de que, com este enfoque, você não tenha uma equipe pesada com uma pessoa muito leve nela. Deve-se ainda tornar claro que qualquer pessoa está desimpedida, caso não queira tomar parte do jogo. Por exemplo: seria imprudente insistir para que uma mulher grávida tomasse parte dessa brincadeira.

Formação de equipe	✪✪✪
Quebra-gelo	✪✪✪
Energia	✪✪✪✪
Criatividade	✪
Diversão	✪✪✪

3.8 | Fileira de olhos

Preparação: Nenhuma.
Tempo de duração: Cinco minutos.
Ambiente: Espaço para dispor o grupo em duas fileiras.
Equipes: Com número par de participantes; grupo pode ser de qualquer tamanho.

Disponha o grupo em duas fileiras, uma confrontando com a outra. Peça aos participantes para que façam contato visual com a pessoa que se encontra à sua frente. Se houver um número ímpar de pessoas, entre você mesmo no jogo. O objetivo do exercício é "ouvir" o que a pessoa em frente está "dizendo", sem o uso de palavras. É importante que o foco principal esteja nos olhos, mas uma linguagem corporal de nível geral também é proveitosa. As mensagens podem variar de: "Que diabos estou fazendo aqui?" a "O que você vai fazer mais tarde?" Diga aos participantes para se concentrarem, prestando atenção no que a pessoa em frente está dizendo a eles – e para não se esquecerem de sorrir.

Após 30 a 40 segundos, efetue a rotação de ambos os grupos em direções opostas até uma contagem de cinco pessoas. Pare-as confrontando uma diferente pessoa e repita o exercício. Faça isso umas quatro ou cinco vezes.

Feedback Este exercício é diferente da maioria dos quebra-gelos, pelo fato de não envolver a descoberta de fatos. Contrariamente, ele trabalha bem o aspecto da derrubada de barreiras. É difícil reter as barreiras iniciais que nós próprios erigimos quando realmente olhamos com profundidade nos olhos de uma outra pessoa. Diga isso ao grupo depois que o exercício tiver sido finalizado.

Resultado Da mesma forma existente com a quebra de barreiras, o exercício atua como um estímulo para as pessoas conversarem entre si. Tente deixar algum tempo para apresentações imediatamente depois do exercício.

Variações Para formar pares e não uma equipe completa, você poderia restringir o exercício a um com duas pessoas. Isso poderia ser seguido por um exercício mais tradicional de conhecimento entre duas pessoas. Com ou sem rotação, considere a existência de uma breve comunicação verbal no fim da parte não verbalizada, no caso em que a curiosidade deixar os participantes frustrados. Se o propósito é a formação de uma equipe geral, é possível efetuar este exercício com todo o grupo em um círculo, selecionando pessoas colocadas em direções opostas para se comunicarem; mas algumas delas podem ser deixadas de fora. Para maximizar o aspecto do espírito de equipe, os participantes podem colocar os braços em volta dos ombros de seus vizinhos, porém isso reduz as opções referentes à linguagem corporal.

Formação de equipe	✪✪✪
Quebra-gelo	✪✪✪✪
Energia	✪✪
Criatividade	✪
Diversão	✪✪

3.9 | *Verdadeiro e falso*

Preparação: Nenhuma.
Tempo de duração: Dez minutos.
Ambiente: Qualquer sala de reunião.
Equipes: Participação individual dos membros; grupo pode ter qualquer tamanho desde que os membros possam sentar-se em torno de um círculo.

A cada participante é dado alguns minutos para se preparar. Os integrantes precisam ter três "fatos" sobre si mesmos: dois deles falsos, e um verdadeiro.

Circule em torno da sala para escutar a apresentação de todos os participantes. Eles devem dizer o nome e, em seguida, declarar o primeiro fato. Depois, repetem o nome e discursam sobre o segundo fato. Finalmente, repetem mais uma vez o nome e falam sobre o terceiro fato. O restante da equipe deve decidir, por seus próprios termos, qual dos fatos é o verdadeiro. Circule em torno da sala conferindo quem acredita no que e, em seguida, revele a verdade (um levantar de mãos será o suficiente). Repita este processo para cada participante. Cada pessoa deve manter a pontuação de seus acertos e erros.

Finalmente, verifique as pontuações para saber qual o membro que concordou mais com o grupo.

Feedback A repetição do nome antes de cada fato aumenta sua memorização muito mais do que se possa imaginar. É muito fácil esquecer o nome de alguém. Torna-se difícil esquecê-lo quando for dito três vezes numa sucessão rápida. Constatamos que realçar a necessidade de transformar o fato verdadeiro em falso aumenta a disposição de espírito.

Resultado Esta apresentação fornece os nomes do grupo a todos os seus membros de uma forma que aumenta a chance de rememorá-los. Ela, ademais, rotula um fato sobre aquela pessoa.

Variações Este exercício pode ser feito com pares de pessoas, com cada membro do par tendo de apresentar seu parceiro. Se você não declarar o elemento falso ou verdadeiro a princípio, mas pedir-lhes que descubram um repertório completo de fatos surpreendentes sobre seus parceiros, e em seguida dizer-lhes que selecionem o melhor e inventem duas mentiras, esse enfoque aumentará a quantidade de informações para o conhecimento deles.

Formação de equipe	✪✪✪
Quebra-gelo	✪✪✪✪
Energia	✪✪✪
Criatividade	✪✪
Diversão	✪✪✪

3.10 | Eu sou e conheço

Preparação: Uma bola (bola de tênis, ou de tamanho similar).
Tempo de duração: Dez minutos.
Ambiente: Sala para permanecer em um círculo.
Equipes: Grupo pode ter qualquer tamanho, desde que os membros fiquem em torno de um círculo.

Inicie com a bola e diga: "Eu sou <seu nome> e conheço a(o) <o nome de uma pessoa famosa>". Atire a bola para uma outra pessoa no círculo, e ela deve dizer: "Eu sou <o nome dela> e conheço a(o) <o nome de uma pessoa famosa>", mas, dessa vez, o nome da pessoa famosa deve iniciar com a última letra do nome da pessoa famosa que você empregou. Por exemplo: "Eu sou Paul Birch e conheço a Margaret Thatcher" – arremesse a bola – "Eu sou Brian Clegg e conheço o Ronald McDonald".

Se você não consegue pensar suficientemente rápido em um nome que satisfaça o grupo, saia por um período curto de tempo do círculo, passando a bola para o participante à sua esquerda. O próximo assume sua posição no ponto em que você parou. A última pessoa a permanecer no círculo vence o jogo.

Feedback Tenha em mente que aqueles que se saírem bem no exercício terão seus nomes mais lembrados do que os que tiverem um mau desempenho.

Resultado Em geral, as pessoas extraem poucos nomes deste exercício, mas ele é realizado tanto para diversão como em termos de eficiência.

Variações Quando alguém sai por um período curto do jogo e a bola é passada adiante, pode-se permitir que a pessoa que apanha a bola inicie do zero, com qualquer nome. Isso propicia a oportunidade de elas criarem alguns desafios difíceis. Se você está lidando com um grupo que já conhece os nomes de seus participantes, é possível utilizar o exercício sem a parte "Eu sou...". A letra vinculante pode ser também da primeira letra do sobrenome à primeira letra do nome – por exemplo, de Michelle Pfeiffer a Paul Newman. Caso o exercício esteja sendo muito fácil, uma pequena variante é que, se alguém fornece a uma pessoa o nome e o sobrenome iniciando com a mesma letra, o próximo participante arremessa a bola de volta a ele, em vez de para uma outra pessoa. Você pode fixar limites, como pessoas reais ou personagens tiradas da ficção.

Formação de equipe	✪✪
Quebra-gelo	✪✪✪
Energia	✪✪✪✪
Criatividade	✪✪
Diversão	✪✪✪

3.11 | Escolha de pares

Preparação: Nenhuma.
Tempo de duração: Três minutos.
Ambiente: Sala para permanecer em um círculo.
Equipes: Participação individual dos membros; grupo pode ter qualquer tamanho (número par de participantes).

Este é um exercício simples de formação de pares. Tenha todo o grupo situado em um círculo com os olhos fechados. Então, faça-os caminhar (ou cambalear) na direção do centro do círculo com uma mão levantada. A outra deve ser mantida atrás das costas. Uma vez aberto o caminho no centro, com os olhos ainda fechados, faça-os encontrar a mão de uma outra pessoa, agarrá-la e, como um par, deixar o bolo de pessoas.

Feedback Muitas vezes, é necessário dividir um grupo em pares para empreender tarefas e outros exercícios de abertura. Geralmente isso é feito de formas pouco imaginativas. Este exercício, "Escolha de pares", e os subseqüentes, "Chaves no círculo" (3.12) e "Fitas numa caixa" (3.13), são desenhados para tornar este ponto mais interessante. A formação de pares dessa forma pode parecer forçada e sob certos aspectos trabalhada, mas ela remove a probabilidade de "panelinhas" permanecerem juntas e acrescenta alguma energia extra às atividades subseqüentes.

Resultado Esta atividade não quebra o gelo em seus próprios termos, mas é uma primeira etapa para um quebra-gelo entre os pares, ou para outros exercícios baseados em pares. No entanto, como de costume, uma proximidade maior (e as inevitáveis colisões) quebram algumas barreiras, e há uma excitação envolvendo energia depois deste rápido exercício.

Variações   Alguns participantes são determinados no sentido de saber previamente quem serão seus parceiros e, portanto, podem manter seus olhos abertos para forçar a escolha. Se você suspeitar que isso possa ocorrer, pode simplesmente permitir que aconteça, vendar todos os participantes, ou dispô-los em pares em subgrupos (garantindo para que os pares que você não quer ver juntos fiquem em grupos diferentes). Para aumentar a desorientação, faça-os rodar no local diversas vezes antes de se dirigirem para o centro, ou troque as posições das pessoas no círculo. Em qualquer um dos casos, talvez seja necessário reorientar certos participantes antes de eles prosseguirem no exercício.

Formação de equipe	✪✪
Quebra-gelo	✪✪
Energia	✪✪✪
Criatividade	✪
Diversão	✪✪✪

3.12 | *Chaves no círculo*

Preparação: Nenhuma.
Tempo de duração: Cinco minutos.
Ambiente: Sala para permanecer em um círculo.
Equipes: Participação individual dos membros; grupo pode ter qualquer tamanho (número par de participantes), desde que os membros fiquem em torno de um círculo.

Este é um exercício simples de formação de pares. Tenha todo o grupo voltado de costas situado em um círculo. Numere-os com 01, 02, 01, 02 etc., de modo que todos recebam seus respectivos números. Faça com que todos os detentores do número 01 lancem suas chaves de casa ou do carro no centro do círculo. Peça aos que receberam o número 02 para apanhar aleatoriamente um molho de chaves. Eles, em seguida, precisam formar pares com o proprietário das chaves.

Com certeza, você pode ter tomado conhecimento disso em algum outro lugar antes. Disseram-nos que este exercício era uma das técnicas de formação de pares usada em "reuniões" de trocas de casais. Já que nossos convites sempre ficaram extraviados na caixinha do correio, nunca tivemos a oportunidade de utilizá-la naquelas "reuniões"!

Feedback Como sempre ocorre com tudo que se relaciona a sexo, a menção de "reuniões" de trocas de casais contribui para "azeitar a máquina". Faça disso algo explícito.

Resultado Esta atividade tem um efeito de quebra-gelo limitado em seus próprios termos, mas é mais considerada como primeira etapa de uma atividade de formação de pares. Semelhantemente ao exercício "Seleção de pares" (3.11), ela provoca considerável divertimento, e há atividade extra envolvida em encontrar uma correspondência entre chaves e pessoas, tornando o exercício mais longo, porém, deixando-o ainda mais apropriado para o aumento de energia.

Variações Em lugar de separar em grupos numerados de 01 ou 02, é possível pedir aos participantes que selecionem seus próprios parceiros iniciais, sem dizer-lhes a razão, e em seguida utilizar a atividade como uma forma de separar aqueles pares (um membro de cada par lança as chaves). Chaves não são a única opção, embora elas possuam a conotação mais divertida – quaisquer objetos pessoais passíveis de identificação específica podem ser utilizados, e talvez você necessite de ampliar a especificação se algum dos presentes não tiver um molho de chaves. Você poderia reter consigo algumas cópias de molhos de chaves, preparadas para auxiliá-lo.

Formação de equipe	✪✪
Quebra-gelo	✪✪
Energia	✪✪✪
Criatividade	✪
Diversão	✪✪✪

3.13 | Fitas numa caixa

Preparação: Uma caixa com fitas saindo para fora dela (veja abaixo).
Tempo de duração: Cinco minutos.
Ambiente: Sala para permanecer em um círculo.
Equipes: Participação individual dos membros; grupo pode ter qualquer tamanho (número par de participantes).

Este é um jogo simples de formação de pares. É uma atividade de mais fácil adaptação ao início de uma sessão, pois fica prático ter as fitas e a caixa numa posição de espera. Será preciso dispor de um número de fitas igual à metade do número de participantes. As fitas devem esticar de uma ponta a outra do círculo, e ainda contar com um comprimento extra. Espalhe a fita ao longo da sala, por sobre a caixa, possibilitando que o pedaço extra se situe dentro da mesma. Não deixe uma ponta da fita que emerge da caixa no lado oposto da ponta que entra na mesma. Quando os participantes estiverem situados em torno do círculo, peça-lhes que selecionem qualquer ponta da fita que mais lhe agradar. Quando todos tiverem um pedaço de fita nas mãos, devem enrolar-se em seus parceiros.

Feedback A preparação é mais fácil do que parece, mas neste exercício há uma quantidade razoável de trabalho para a geração de pares. O esforço é válido se você estiver criando uma boa quantidade de pares e cada vez quiser utilizar uma técnica diferente.

Resultado Esta atividade não quebra muito o gelo em seus próprios termos, mas é uma primeira etapa para um exercício de formação de pares. Se você faz do ato de enrolar em um parceiro uma grande dificuldade, é possível elevar ligeiramente os níveis de energia tendo as pessoas levantadas e circulando desordenadamente em grupos.

Variações Para realçar o aspecto de se enrolar no parceiro, tenha metade dos participantes sentada em cadeiras. A outra metade deve ficar de pé, e seguir a fita à medida que ela puxa-os, movendo-se pela sala até apertar as mãos de quem os apanhou. Para fazer com que isso funcione, cada fita deve ter uma ponta em uma cadeira e a outra distante de uma cadeira (mas não do outro lado). Com mais preparação, é possível dispor as pessoas em grupos maiores prendendo diversos pedaços de fitas no centro. Você pode, deliberadamente, confundir e agregar valor ao entretenimento pelo uso de fitas de cores diferentes, dispostas de tal forma que uma ponta não seja da mesma cor que as outras.

Formação de equipe	✪✪
Quebra-gelo	✪✪
Energia	✪✪✪
Criatividade	✪
Diversão	✪✪

3.14 | *Confie em mim, vou segurá-lo!*

Preparação: Nenhuma.
Tempo de duração: Três minutos.
Ambiente: Espaço suficiente para que todos os participantes permaneçam em pares.
Equipes: Pares.

Cada membro de um par reveza-se em um ato de cair, sendo apanhado pelo seu parceiro. Os pares devem permanecer com um parceiro em oposição ao outro. O membro da frente do par deve ter as costas voltadas a seu parceiro. A pessoa da frente mantém seus pés juntos e suas mãos de lado, ao passo que vai caindo lentamente para trás. Seu parceiro o segura. Eles devem iniciar segurando o parceiro num ponto mais alto (com pouco tempo para cair), e em seguida abaixar um pouco esse ponto. Você deve realçar o perigo caso alguém não segure o parceiro. Isso poderia provocar algum tipo de machucado e, assim, deve ser tratado de forma muito séria. Assegure-se para que não haja qualquer possibilidade de alguém cair sobre os móveis ou objetos cortantes existentes na sala. Certifique-se de que você está apropriadamente seguro antes de empreender um exercício desse tipo, e esteja ciente da responsabilidade que está assumindo.

Feedback É assustador cair de costas. Se você não confia em seu parceiro, é quase impossível deixar de mover os pés ou esticar os braços. Nós nunca tivemos ninguém caindo desastrosamente (embora tenhamos presenciado algumas desabadas de pares de forma desajeitada, porém, em meio a risadas, eles se recompuseram). Se houver tempo, dirija uma pequena sessão para conseguir o retorno posterior de como eles se sentiram – no ato de cair e no segurar.

Resultado Similarmente a fazer pessoas se moverem, este exercício é uma demonstração de confiança muito poderosa. Envolve uma inevitável formação de equipe e trabalho de quebra-gelo por causa da proximidade requerida entre os pares.

Variações Se você tiver uma boa confiança na equipe, pode ter os pares caindo gradualmente cada vez mais para baixo. Uma situação ideal seria operar este exercício com os tapetes utilizados nas áreas de recreação da empresa, e com uma boa parcela de espaço em torno de cada par para minimizar qualquer risco de acidente.

Formação de equipe	✪✪✪
Quebra-gelo	✪✪✪
Energia	✪✪✪
Criatividade	✪
Diversão	✪✪

3.15 Sente-se no meu colo

Preparação: Nenhuma.
Tempo de duração: Dois minutos.
Ambiente: Espaço suficiente para que todos os participantes permaneçam em um círculo pequeno.
Equipes: Atividade em grupo; pelo menos de oito a dez pessoas.

Faça com que a equipe permaneça em um círculo, com cada um dos participantes de frente para as costas da pessoa ao seu lado (na frente dela). Em seguida, a equipe como um todo simultaneamente abaixa-se, numa posição de sentar, e senta-se nos joelhos da pessoa de trás. Fale para eles sobre isso, com um cronômetro e tempo específico para sentar. Enfatize que não importa se elas fizeram isso anteriormente, pois o exercício ainda tem valor.

Feedback Muitas pessoas viram ou fizeram este exercício anteriormente. Para aqueles que ainda não viram, parece absurdo que todo o grupo possa ficar sentado nos colos dos próprios participantes e não desabar no chão. Para os que já passaram por essa situação, ela ainda é bastante assombrosa, porém eles tenderão a ter uma atitude indiferente sobre esse fato.

Resultado Este exercício deixa as pessoas mais motivadas e conscientes e é, também, uma demonstração rápida e efetiva de confiança e interdependência. Somente não dará resultado se uma única pessoa do grupo não confiar nos outros ou no grupo para envolver-se com ele. Se o resultado inicial é o desabamento em uma pilha de pessoas, faça várias tentativas – não desista numa primeira oportunidade.

Variações Uma versão mais avançada desta atividade é a de ter todos os participantes do grupo recostados neles mesmos. De fato, recebemos a informação de que é possível ter todas as pessoas caindo para trás nos braços dos outros participantes, mas não tentamos isso, pois nosso seguro de responsabilidade pública não é assim tão alto. Após uma primeira tentativa, comprovando que isso é possível, o exercício pode ser estendido colocando todas as pessoas no centro do espaço, e em seguida pedindo-lhes para repetirem o exercício sem nenhuma fala. Se elas acharem difícil ou impossível, indique que isso não representa que o exercício oferece algum perigo. Se ainda estiverem caindo, conceda-lhes um minuto para primeiramente falarem entre si, e depois tente novamente sem nenhuma fala. Esta extensão puxa para cima o fator de criatividade, tornando-o um exercício bem versátil.

Formação de equipe	✪✪✪
Quebra-gelo	✪✪
Energia	✪✪✪✪
Criatividade	✪
Diversão	✪✪✪

3.16 | Sentido e sensibilidade

Preparação: O número de vendas de olhos deve ser a metade do número de participantes; intervalo para o chá ou café.
Tempo de duração: Quinze minutos.
Ambiente: Espaço suficiente para movimentação.
Equipes: Pares.

É necessário um número par de pessoas. A metade do grupo é vendada, a outra metade é deixada sem vendas nos olhos. Cada pessoa vendada é entregue a uma outra, que servirá como seu orientador. Este exercício deve ser realizado durante um intervalo para o chá ou café. A pessoa vendada tem de cumprir as atividades normais que todos supostamente desenvolvem nesses intervalos – tomar alguma bebida e comer biscoitos, ir ao banheiro, conversar com os outros –, mas sempre sob a orientação de uma pessoa não vendada.

Feedback Ao final do intervalo, despenda cinco minutos para obter retorno dos participantes. De que forma a pessoa vendada considerou essas simples atividades? Os auxiliares foram prestativos, ou um estorvo? Qual tarefa foi inesperadamente difícil? Como os auxiliares se sentiram?

Resultado Em virtude de ele ir a reboque em uma pausa natural, este exercício pode se dar ao luxo de tomar um pouco mais de tempo do que o usual neste livro. Ele tem um forte componente de formação de equipe e de quebrar o gelo. Há mútua ligação extraída da experiência em conjunto e uma interação forçada entre a pessoa vendada e seu auxiliar, que contribuirão para quebrar o gelo. De forma geral, ele igualmente injetará energia e diversão em uma parte de uma reunião ou sessão, que pode ser bastante perigosa. Muito embora os intervalos sejam essenciais, podem prover um sentido de distração negativo, com os participantes propensos a telefonar do escritório ou afundar em um estado próximo da sonolência – este exercício facilita para que não ocorram essas coisas.

Variações É possível estender este exercício para que ele se adapte às oportunidades disponíveis. Se você estiver envolvido em uma sessão residencial, ele pode ser estendido de maneira considerável. Estivemos envolvidos em sessões em que passamos uma tarde inteira em pares de pessoas vendadas e orientadores, incluindo o tempo passado no bar e um jantar completo. Quer este exercício seja realizado em um entorno aberto, como um hotel, quer num centro de conferências de acesso restrito, ele pode ter um enorme impacto sobre os participantes.

Formação de equipe	✪✪✪✪
Quebra-gelo	✪✪✪✪
Energia	✪✪✪
Criatividade	✪
Diversão	✪✪✪

3.17 | Você é um animal

Preparação: Nada essencial, mas um cronômetro ou relógio grande e um dispositivo para fazer barulho são úteis.
Tempo de duração: Dois minutos e meio por participante.
Ambiente: Espaço suficiente para que todos os participantes sentem-se em volta.
Equipes: Grupo.

Conceda aos participantes um tempo de dois minutos para pensarem em um animal que eles acham que melhor os representam. Eles devem ter a capacidade de dizer o motivo, que características essenciais isso implica, com que outro(s) animal(is) têm afinidade particularmente boa e quais animais seriam os inimigos. Em seguida, percorra o grupo, fornecendo a cada membro um tempo máximo de 30 segundos para que expresse isso abertamente junto aos demais participantes.

Feedback Esta atividade é, na maioria das vezes, um exercício de autogestão, mas será preciso monitorar o tempo rigorosamente e estar preparado para excluir um indivíduo se ele o ultrapassar. Provavelmente, a maneira mais eficaz de se fazer isso é a de ter um instrumento para fazer barulho bastante ruidoso (veja Capítulo 6) e tocá-lo logo que terminarem os 30 segundos. Você também deve ter a certeza de que obteve respostas completas. Deixe claro que o tempo ainda está correndo se eles não fornecerem todas as informações requeridas.

Resultado Um quebra-gelo efetivo que revela um pouco sobre os indivíduos envolvidos, e de como eles se vêem, sob um modo diferente e divertido.

Variações Se for possível equipar os membros do grupo com pistolas de água, e se a sala puder suportar isso (considere operar este exercício ao ar livre, com bom tempo; ar fresco é um estimulador natural de energia), faça com que eles molhem aqueles que ultrapassam os 30 segundos. Uma variação interessante, se você tiver tempo, é a de ter um terceiro estágio em que os indivíduos se levantam de suas cadeiras e se ordenam novamente para ficarem próximos de, no mínimo, dois outros animais com os quais simpatizam, e a uma distância mínima (digamos 2 m) de todos os animais com os quais não se dão bem. Isso tanto injeta uma energia extra, como provê um pouco de atenção durante as descrições, em vez de eles ficarem praticando mentalmente as próprias informações.

Formação de equipe	✪✪✪
Quebra-gelo	✪✪✪✪
Energia	✪✪✪
Criatividade	✪✪
Diversão	✪✪✪

3.18 | Você é maravilhoso porque...

Preparação: Nenhuma.
Tempo de duração: Dez minutos.
Ambiente: Sem requisitos especiais.
Equipes: Uma ou mais equipes, com quatro ou sete membros por equipe.

Este exercício é um quebra-gelo peculiar porque requer que os participantes já se conheçam mutuamente um pouco. Forneça-lhes tempo para raciocinar – eles precisarão disso. Ele, provavelmente, é mais bem conduzido anunciando-se a intenção de realizá-lo com uma certa antecedência.

No exercício propriamente dito, cada membro da equipe diz a cada um dos outros membros: "Eu acho que você é maravilhoso porque...", oferecendo um fato simples sobre eles. É muito importante que essa declaração seja feita com plena sinceridade. Isso deve ser tornado explícito, pois é muito tentador ser jocoso para encobrir o constrangimento.

Feedback Este exercício é particularmente efetivo alguns dias depois que uma nova equipe tenha sido reunida, ou quase no final de uma sessão residencial. O tamanho da equipe é importante – se for pequeno demais, ela é muito pessoal; grande demais, falta-lhe impacto.

Resultado O exercício parece um tanto artificial e envolverá considerável esforço dos participantes. Dizer coisas agradáveis diretamente a outras pessoas sempre é algo difícil, especialmente se você não gosta delas. Isso pode exigir um esforço considerável de boa vontade, mas o resultado é um estreitamento significativo do espírito de equipe.

Este exercício somente deve ser utilizado quando os participantes têm um forte sentimento de entusiasmo em relação a todo o processo. Embora ele tenha muito sucesso se realizado seriamente, tem sido reportado como uma lavagem cerebral quando utilizado em participantes não entusiastas. Repare que isso não significa que os membros da equipe tenham de ser entusiastas sobre a técnica – poucos a considerarão divertida –, mas eles precisam ser positivos sobre a sessão da qual este exercício é só uma parte.

Variações Com maior disponibilidade de tempo, é possível aumentar para três o número de coisas ditas sobre cada pessoa. Não tente ir além deste ponto – é impossível exagerar com elogios a alguém que você não gosta. Todavia, na maioria dos casos, os participantes desenvolverão um tipo de camaradagem, mesmo com os membros da equipe com os quais não tiveram muita afinidade no início.

Formação de equipe	✪✪✪✪
Quebra-gelo	✪✪✪✪
Energia	✪
Criatividade	✪
Diversão	✪

4

Aquecimentos

4.1 | Competição dos clipes de papel

Preparação: O dobro de clipes de papel em relação ao número de pessoas do grupo.
Tempo de duração: Cinco minutos.
Ambiente: Espaço suficiente para que todos os participantes permaneçam em duas filas.
Equipes: Duas equipes iguais; sem limite de tamanho.

Divida o grupo em duas equipes. Faça-as ficar em duas fileiras e dê a cada pessoa dois clipes de papel. O objetivo da competição é confeccionar uma corrente com os clipes de papel com a maior rapidez possível. A primeira pessoa inicia a corrente e, em seguida, passa-a para o próximo participante. Assim que a corrente é finalizada, deve ser repassada de mão em mão até o início da fileira. Nesse ponto, toda a equipe deve gritar o mais alto que puder: "Clipes de papel."

Feedback Tenha cuidado para não especificar se uma pessoa deve ou não unir seus dois clipes de papel antes de ela receber a corrente. Se alguém perguntar, diga que você já explicou todas as regras. Certifique-se de que isso está claro depois que alguma pessoa que pensava que eles tinham de esperar pelo recebimento da corrente antes de unir seus dois vínculos estiver fazendo uma suposição pessoal – esses casos constituem, na maioria das vezes, um bloqueio para o pensamento inovador.

Resultado O aspecto de competição proporciona a este exercício um entusiasmo considerável. Ajude as equipes a gritar palavras encorajadoras ao longo da tarefa. Ficar de pé, mover-se ao longo da sala, envolver-se em uma atividade física representam trabalhos que ajudam a aumentar os níveis de energia. Se você tiver algum, dê à equipe vencedora um pacote de balas para que seja dividido entre os membros.

Variações   Temos uma porção de possibilidades neste exercício. Forneça a cada pessoa mais do que dois clipes de papel. Quando a corrente estiver finalizada, ela é repassada, sendo desmontada novamente à medida que for passando aos participantes. Em vez de distribuir clipes de papel, forneça à equipe uma pilha enorme de clipes e a tarefa de igualarem, exatamente, em comprimento uma nova corrente com a corrente feita anteriormente, fixada na parede. Talvez ainda mais apreciável, defina uma tarefa para as equipes fazerem uma corrente suficiente longa que as circunde inteiramente, com a corrente final formando um círculo.

Formação de equipe	✪✪✪
Quebra-gelo	✪✪
Energia	✪✪✪✪
Criatividade	✪✪
Diversão	✪✪✪

4.2 | Voleibol de bexigas

Preparação: Uma bexiga cheia.
Tempo de duração: Cinco a dez minutos.
Ambiente: Espaço suficiente para que todos os participantes permaneçam em qualquer lado de uma fileira de mesas.
Equipes: Duas equipes praticamente iguais; sem limite de tamanho.

A menos que sua sala já tenha uma fileira de mesas dispostas no centro, inicialmente estabeleça ao grupo o desafio de colocar a sala nessa condição sem nenhuma orientação de como fazê-lo. Isso prevê um exercício inicial de trabalho em equipe. Divida o grupo em duas equipes, dispondo-as nos dois lados da fileira de mesas. As equipes acertam a bexiga, fazendo-a atravessar as mesas. Cada vez que uma bexiga atinge o piso ou a parede, conta como um ponto para a equipe que conseguiu esse feito. Cada equipe só pode atingir a bexiga uma vez, e ela deve atravessar a mesa. Para iniciar cada jogada, bata na bexiga para o meio da fileira de mesas desde uma de suas extremidades.

Feedback Este exercício constitui um aquecimento puro. Ter um prêmio não é essencial, mas geralmente cai bem um pacote de balas para ser dividido entre a equipe vencedora. Como uma alternativa até mesmo melhor, crie um conjunto de adesivos extravagantes com a palavra VENCEDOR, adornando-os, e um outro com PERDEDOR. Essa chamada de atenção intencional do trivial pode provocar um divertimento considerável – na verdade, os perdedores geralmente usam seus adesivos mais à vista e orgulhosamente do que os vencedores.

Resultado Os propósitos do jogo são interação física e movimentação. Não se preocupe de as pessoas ficarem um tanto espremidas – o emaranhado de pessoas é motivo de divertimento. Este exercício é um bom recurso quando um grupo está entrando em "baixa", próprio de um fim de tarde (expediente).

Variações   Para fazê-los movimentarem-se ainda mais, é possível mudar os lados no meio tempo. Com grupos maiores, talvez você prefira ter vários jogos ocorrendo de uma vez – dessa forma, mais pessoas ganham a chance de entrar em contato com a bexiga. Se esse for o caso, continue a dispor as mesas em uma contínua e única fileira, visto que sobreposições incrementam a diversão. Se a sala é apertada, considere realizar os exercícios em um espaço de caráter público – energia extra é gerada pelo fator de constrangimento.

Formação de equipe	✪✪✪
Quebra-gelo	✪
Energia	✪✪✪✪
Criatividade	✪✪
Diversão	✪✪✪

4.3 | O túnel mágico

Preparação: Uma folha de papel A-4 (ou de carta) para cada equipe.
Tempo de duração: Cinco minutos.
Ambiente: Espaço suficiente para que as equipes fiquem bem separadas, ou em salas de repouso.
Equipes: Pelo menos duas equipes; número inferior a cinco ou seis membros por equipe.

Divida o grupo em equipes de, no máximo, cinco ou seis membros. Forneça a cada equipe uma folha de papel. A tarefa deles é passar toda a equipe através de um furo na folha de papel. O furo deve ser circundado por papel inviolável, e nenhum outro item poderá ser usado. A primeira equipe a conseguir esse feito é a vencedora.

Feedback Assinale a aparente impossibilidade na primeira abordagem que fizer do exercício. Se uma equipe captar a idéia, então os demais entenderão o enfoque geral – observe isso. Se ninguém finalizar o exercício em cinco minutos, demonstre a solução; se uma equipe conseguir, peça-a para mostrar o que eles fizeram ao restante dos participantes.

Solução. Dobre o papel em dois pedaços. Faça uma série de quatro rasgos, desde a borda dobrada até a outra borda, deixando exatamente um centímetro de papel intacto entre o final dos rasgos e a extremidade, conforme ilustrado abaixo.

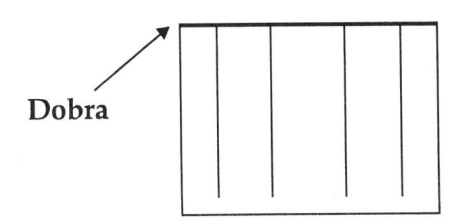

Dobra

Faça três rasgos na direção oposta, entre os rasgos originais. Novamente, deixe um centímetro de papel intacto entre o final dos rasgos e a extremidade.

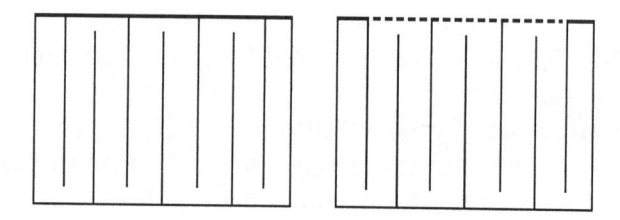

Rasgue ao longo da linha moldada pelos três pontos vincados centrais extremos. Desdobre a folha do papel. Isso configurará um anel de papel, suficientemente grande para que uma pessoa passe por ele. Pratique isso antes do evento.

Resultado   Contanto que o quebra-cabeça inicial seja resolvido, há um bom aspecto físico no fazer com que os membros das equipes passem pelo papel. A resolução inicial do problema pode ser considerada de baixa energia, embora ela deva ser vista mais como um aquecimento para deixar o grupo sob uma nova perspectiva a fazê-lo recuperar-se de um estado de baixa energia.

Variações   Se uma equipe obtiver sucesso rapidamente, forneça-lhe um novo exercício com um pedaço de papel muito menor (tamanho igual a ¼ do papel utilizado no primeiro exercício).

Formação de equipe	✪✪✪
Quebra-gelo	✪
Energia	✪✪✪
Criatividade	✪✪✪
Diversão	✪✪✪

4.4 | *Estourando com energia*

Preparação: Uma porção de bexigas murchas (no mínimo, três para cada participante).
Tempo de duração: Três minutos.
Ambiente: Espaço suficiente para que as equipes permaneçam juntas, em piso aberto.
Equipes: Pelo menos duas equipes; número inferior a sete ou oito membros por equipe.

Divida o grupo em equipes. Cada equipe deve receber um conjunto de bexigas (murchas). Deverão ser dadas a cada pessoa pelo menos três bexigas e, de preferência, um número maior. Sem utilizar qualquer tipo de dispositivo, as equipes devem encher suas bexigas e estourá-las. Quando cada bexiga é estourada, a equipe anuncia ruidosamente o número de bexigas que conseguiu estourar até o momento. A equipe com o maior número de bexigas estouradas naquele intervalo de tempo (ou que consumiu todas as bexigas primeiramente) é a vencedora.

Feedback Observe que as equipes que optaram em não inflar totalmente suas bexigas para economizar tempo podem ter encontrado alguma dificuldade ao tentar estourá-las. Descubra como empreenderam a organização das tarefas – todos sopraram e estouraram, ou as tarefas foram distribuídas? Descubra quaisquer observações partindo desse ponto.

Resultado Este exercício é um forte estimulador de energia. Envolve uma grande quantidade de movimento e atividade física, e, como a maioria das pessoas considera o ato de estourar uma bexiga levemente estressante, há, portanto, geração de uma energia extra – de caráter nervoso. Este exercício pode ser muito barulhento e efusivo – provavelmente não é uma boa idéia executá-lo em uma área em que não é permitido muito barulho.

Variações A opção entre operar com duas equipes ou diversas pode fazer este exercício funcionar diferentemente em grupos grandes. Cada opção tem benefícios, mas as vantagens normais de se manter um grupo só com seis a sete participantes se aplicam. Uma variação efetiva é dividir o tempo disponível entre o tempo de encher e o de estourar as bexigas: todos tentam ambas as atividades, e as bexigas têm de ser amarradas, o que aumenta a confusão. A variação do tempo de divisão pode ser dirigida de duas maneiras: ou você tem um tempo específico para a mudança de operação (digamos 2 min para soprá-las, um para estourar as bexigas), ou, mais interessante, deixe a equipe decidir quando efetuar essa troca; no entanto, uma vez que elas mudem de funções, não é possível retornar.

Formação de equipe	✪✪
Quebra-gelo	✪✪
Energia	✪✪✪✪
Criatividade	✪✪
Diversão	✪✪✪✪

4.5 | Sobre o quadrado

Preparação: Uma ou duas folhas de papel A-4 (ou de carta) para cada equipe.
Tempo de duração: Dois minutos.
Ambiente: Espaço suficiente para que os participantes permaneçam em pé, numa formação em equipes.
Equipes: Pelo menos duas equipes de, no mínimo, seis membros; sem limite superior.

Divida o grupo em equipes. Tente o menor número possível chegando até a uma formação com cerca de 30 pessoas por equipe. Ponha as folhas de papel no chão em frente a elas. Para equipes de até cinco pessoas, utilize metade de uma folha de papel A-4 (ou de carta) para cada uma. Para equipes entre cinco e dez pessoas, utilize uma folha inteira, e para acima de dez, coloque um número apropriado de folhas juntas. O objetivo do exercício é fazer com que todos os membros da equipe fiquem posicionados sobre suas folhas de papel. Nenhuma parte do corpo pode tocar o chão ou qualquer outro meio de suporte distinto do papel ou dos outros membros da equipe.

Feedback Se o exercício for comprovadamente muito fácil, faça com que a equipe corte a folha no meio e tente novamente. Na verdade, de qualquer maneira, é válido realizar isso para assegurar que haja um desafio mais dramático. Este exercício é muito rápido, e, portanto, repeti-lo não ocasiona nenhum problema.

Resultado Semelhante a todos os melhores aquecimentos, este exercício tira as pessoas de suas cadeiras, envolvendo-as numa interação física entre si e fazendo-as sorrir. Se a folha for muito pequena, ela pode prover também um desafio interessante de elaboração da forma como conseguir todas as pessoas a bordo.

Variações Geralmente, esta atividade é mais bem conduzida como um exercício em que todas as pessoas tentam atingir o objetivo, mas com equipes de números pares de participantes, ela pode ser realizada sob a forma de a primeira equipe que finalizá-lo será a vencedora. Como ela pode, em teoria, ser feita com grupos de qualquer tamanho, talvez seja válido ter uma sessão extrafinal em que todos no grupo, por maior que ele seja, tentam o exercício em conjunto.

Formação de equipe	✪✪✪
Quebra-gelo	✪✪
Energia	✪✪✪✪
Criatividade	✪✪
Diversão	✪✪✪✪

4.6 | Nós

Preparação: Nenhuma.
Tempo de duração: Três minutos.
Ambiente: Espaço suficiente para que os participantes permaneçam em pé, em círculos desimpedidos.
Equipes: Seis, oito ou dez pessoas em cada equipe. Funciona melhor com um mínimo de oito pessoas. Apenas funcionará com um número par de pessoas – o líder precisará estar preparado para tomar parte ou deixar a atividade para igualar o número de participantes.

Divida o grupo em equipes com um número par de participantes. O número ideal para uma equipe é de oito, mas grupos de seis ou dez participantes são totalmente práticos. Disponha a equipe, ou equipes, em um círculo aproximado, voltada(s) para dentro. Cada membro coloca a mão no círculo e segura, com sua mão direita, a mão direita da pessoa à sua frente. Eles devem, então, segurar a mão esquerda de uma pessoa diferente. Agora, a equipe está conformando um nó. O propósito do exercício é desatar o nó, deixando a equipe em um círculo. Ao fazer isso, os participantes podem girar as conformações com os apertos de mãos, mas é proibido separar a corrente de mãos.

Feedback Este exercício é fácil de ser feito com quatro pessoas, de dificuldade média com seis, um pouco mais difícil com oito, totalmente difícil com dez e beirando o impossível com doze. Afinal de contas, a explosão combinatória indica que, embora exista uma solução técnica, é praticamente impossível se desvencilhar do emaranhado de nós.

Resultado Este exercício é um aquecimento excelente que combina movimento com um grau de pensamento prático e interação da equipe (normalmente repleto de risos e gritos). Há ainda um elemento de quebra-gelo devido ao contato físico, e pela assistência entre os participantes com suas contorções, mas a concentração na tarefa em curso faz com que ele tenha valor limitado quanto a conhecer os outros membros da equipe.

Variações Se houver tempo, demonstre com grupos maiores e menores o grau de dificuldade e facilidade que o exercício atinge. Normalmente, é difícil realizar este exercício em uma sala de reunião. Constatamos que o melhor é deslocar os grupos para um espaço público. Isso fornece mais espaço para as manobras, e também aumenta o potencial de aquecimento, por lançar um certo grau de exposição. Se o grupo é particularmente moroso, você poderia considerar levá-lo para o ar livre, a fim de refrescá-lo e contrapor o efeito do ar-condicionado.

Formação de equipe	✪✪✪
Quebra-gelo	✪✪
Energia	✪✪✪✪
Criatividade	✪✪
Diversão	✪✪✪✪

4.7 | Algemas

Preparação: Uma algema de corda ou um pedaço de corda para cada participante.
Tempo de duração: Cinco minutos.
Ambiente: Espaço suficiente para se trabalhar nele.
Equipes: Pares.

Algemas de corda consistem de um pedaço de corda (pelo menos 1 m, de preferência maior) com uma laçada presa em cada ponta. O laço deve ser suficientemente grande para permitir o cômodo deslizamento de uma mão para dentro e fora dele. Se você não preparou os laços com antecedência, o primeiro estágio pode ser essa tarefa.

Disponha os grupos em pares com uma algema de corda para cada pessoa – se o número de membros for ímpar, você terá de participar do jogo. Peça a um membro de cada par para enfiar ambas as mãos nas laçadas existentes em sua algema. Peça ao outro membro para deslizar a mão em uma laçada, em seguida apanhe a outra extremidade e passe-a sobre as algemas de seus parceiros (entre a algema e o corpo), introduzindo finalmente o restante de suas mãos. Agora, eles estão presos. O propósito dos membros é separá-los sem retirar as mão de suas laçadas, ou desatar ou cortar a corda.

Temos visto muitas soluções engenhosas (trapaças escandalosas), mas a resposta "correta" é passar o centro de sua corda pelo contorno da cintura do parceiro e sobre o dorso de suas mãos. Pronto! Você está livre. Pode achar que realmente fez um nó apertado nesse estágio. Se a resposta for positiva, reverta o processo e, depois, repita o exercício novamente na direção oposta.

Feedback Pouquíssimas pessoas passaram por este exercício, mas deve ser pedido àqueles que dele já participaram para manter segredo sobre a solução. Ele funciona particularmente bem se você já participou do exercício "Nós" (4.6), induzindo o comportamento de que a solução envolve muito mais desatar as pessoas do que a corda. Não deixe de demonstrar a solução.

Resultado Toques e contato próximo são extremamente efetivos para derrubar barreiras. O resultado depende do enfoque dos participantes. Alguns tratam essa atividade como um exercício cerebral e continuarão a pensar sobre o problema. A maioria tenta pular diretamente este exercício.

Variações O elemento introdutório pode ser aumentado com um desafio extra. Por exemplo: enquanto vocês tentam se separar, descubram duas coisas sobre seu parceiro que surpreenderá o restante das pessoas.

Formação de equipe	✪✪
Quebra-gelo	✪✪✪
Energia	✪✪✪
Criatividade	✪✪✪✪
Diversão	✪✪✪

4.8 | *Transformação*

Preparação: Uma seleção de itens de maquiagem, acessórios, jóias e roupas.
Tempo de duração: Quinze minutos.
Ambiente: Preferentemente, uma área separada para cada equipe, também espaço para que os participantes se espalhem.
Equipes: Três equipes no mínimo, com três ou cinco pessoas em cada equipe.

Divida o grupo em equipes. É preciso no mínimo três equipes, cada uma delas constituída de pelo menos três participantes. De forma contrária, apenas seus recursos limitam esses números. Peça às equipes que selecionem uma "vítima" dentro da equipe que vão maquiar. Para determinar o cenário, você pode optar que os participantes façam uma maquiagem em seu parceiro no estilo das celebridades que, particularmente, detêm uma fama muito grande, ou pode relegar essa escolha para as equipes. A equipe vencedora é a que produzir o resultado de maior impacto no tempo disponível.

Feedback Esta atividade é um ótimo aquecimento para eventos plenos de despreocupação ou de quebra de barreiras. Deve-se assegurar para que o cenário seja totalmente humorístico e este jogo claramente uma brincadeira em que todos os membros estão participando, ou senão você pode achar que existe realmente uma "vítima" no grupo. Você pode também ficar preparado, como ocorreu conosco em uma certa ocasião, à espera que as equipes se rebelem e utilizem os facilitadores como modelos.

Resultado Há um real elemento de competição, mas o tema torna-o desprovido de alguma espécie de estresse. A "vítima" geralmente é um voluntário e, obstinadamente, quanto maior for o fator de constrangimento, mais respeitados eles se tornam quando entram como voluntários. Na verdade, quando da formação de uma equipe, renovar o líder da nova equipe pode ser um ponto positivo.

Variações   É possível conduzir este aquecimento sem qualquer preparação e forçar as equipes a confiarem na própria criatividade para pegar os acessórios e utilizar itens do dia-a-dia, como é o caso de clipes de papel. Os resultados normalmente são menos impactantes, porém mais desafiadores. Se você adotar este enfoque, disponibilize no início um período de tempo de cinco minutos para a busca de acessórios e itens em que é permitido aos membros das equipes se aventurar para fora da sala de reunião à procura dos elementos a serem utilizados no exercício. Há certas circunstâncias, por exemplo, em um curso residencial com muitas equipes trabalhando simultaneamente, em que este exercício se beneficiará se tivermos uma câmera para gravação e registro dos resultados; porém, neste caso, unicamente com a permissão da vítima.

Formação de equipe	✪✪✪
Quebra-gelo	✪✪✪
Energia	✪✪✪
Criatividade	✪✪
Diversão	✪✪✪✪

4.9 Rapaz encontra garota

Preparação: Nenhuma.
Tempo de duração: Cinco minutos.
Ambiente: Espaço para dispor o grupo em duas filas paralelas.
Equipes: Duas, com no mínimo três pessoas em cada equipe.

Disponha o grupo em duas filas paralelas. Se houver uma nítida divisão da equipe, faça uso dela. O propósito do exercício é fazer com que as duas equipes contem uma história com o título "Rapaz encontra garota". A história processa uma palavra de cada vez, alternando de uma equipe para outra, e movendo as falas para baixo. Uma equipe deve tentar um final feliz, enquanto a outra tenderá para um resultado triste.

Se o grupo total é pequeno, talvez você necessite que as falas se movam para cima e para baixo algumas vezes na história (decida de antemão). Este é também o tipo de exercício que melhora com a prática, de modo que talvez você queira realizar um exercício inicial como tentativa.

Feedback Um exercício como este normalmente não terá vencedores nem perdedores. Quando ele funciona bem é porque ambos os lados estão subvertendo a história de seus oponentes à medida que ela se move uma linha abaixo. Declarar uma equipe vencedora é essencial se você estiver determinado a ter vencedores e perdedores, mas deixe claro que eles estão somente na frente (assumindo isso como verdadeiro). Uma melhor opção seria oferecer um pequeno prêmio a ser compartilhado entre as duas equipes.

Resultado Este exercício oferece uma gama enorme entre baixa e alta energia. Quando ele funciona, é uma grande diversão e fonte de risadas. Quando não decola, é um breve divertimento, mas não mais que isso. Ele não é ideal para erguer um grupo a partir de um estado de energia muito baixo, pois os membros necessitam de um certo ímpeto para prosseguir. Todavia, é bom para levar um grupo de média performance até uma performance superior.

Variações   Pode ser contada qualquer linha de história. Ela precisa ser ampla e aberta a um enorme grau de interpretação. Se você está lidando com um tema específico, então a história poderia estar se referindo ao resultado daquele tema.

Formação de equipe	✪✪✪
Quebra-gelo	✪
Energia	✪✪✪
Criatividade	✪✪✪
Diversão	✪✪✪

4.10 | Corrida de cavalos entre obstáculos

Preparação: Uma cavalgada planejada (veja abaixo).
Tempo de duração: Cinco minutos.
Ambiente: Espaço para dispor o grupo em um círculo em torno do organizador.
Equipes: Participação individual dos membros; grupo pode ser de qualquer tamanho.

Disponha o grupo em um círculo à sua volta e explique que vocês vão participar de uma corrida de cavalos entre obstáculos. Você também pode dizer que o que estão prestes a fazer é extremamente infantil, mas tudo por um motivo muito sério. Quando vocês estiverem correndo pela pista estabelecida, passarão por certos obstáculos; as tarefas de vocês é imitar suas ações.

Faça com que todos se agachem como um jóquei em uma sela e inicie-os a bater as coxas para imitar um som de galope. Em seguida, passe-lhes algumas dicas. Por exemplo:

- um pequeno ramo – abaixe-se e, com a mão, reproduza uma chicotada por cima da cabeça;
- cerca – pule sobre ela, e em seguida sente-se na sela e pare com os barulhos dos cascos;
- curva à esquerda – incline-se na sela e puxe as rédeas;
- curva à direita – incline-se na sela e puxe as rédeas;
- árvores à esquerda e direita – com a mão, reproduza uma chicotada à esquerda e direita da cabeça;
- "oh! olhe, há uma pessoa de idade" – pare de galopar, toque com a mão numa barba imaginária e, "hmmm",

mostre seu descontentamento com os cavalos (esta deixa cômica só funciona uma vez);

- corra para a linha de chegada – bata com as esporas nos cavalos cada vez mais rápido até cruzar a linha de chegada.

Feedback O sucesso desse aquecimento depende muito de sua ousadia. Tenha a certeza de que o grupo entende os benefícios da energia que ele injetará – e que a infantilidade é uma parte positiva disso, mas não seja extremamente defensivo. No evento improvável em que ele não está oferecendo resultados após mais ou menos um minuto, cancele-o e faça algo totalmente diferente.

Resultado Esse é um excelente aquecimento por deixar as pessoas de pé, envolvidas em atividade física e rindo. É difícil para qualquer um ficar distante do exercício logo que o grupo como um todo começa a participar dele.

Variações O descrito acima é uma pequena amostra dos possíveis obstáculos. Insira qualquer coisa que você pensar, mas procure planejar a pista com antecedência – você não pode mostrar hesitação.

Formação de equipe	✪✪
Quebra-gelo	✪
Energia	✪✪✪✪
Criatividade	✪
Diversão	✪✪✪✪

4.11 | Círculo de energia

Preparação: Nenhuma.
Tempo de duração: Cinco minutos.
Ambiente: Espaço para dispor o grupo em um círculo.
Equipes: Participação individual dos membros; grupo pode ser de qualquer tamanho que possa permanecer em um círculo.

Disponha o grupo em um círculo. Explique que algumas pessoas acreditam que todos nós temos energia fluindo pelos nossos corpos – os chineses chamam isso de "chi"; os japoneses, de "ka". Esse círculo vai passar uma bola de energia a todos os participantes.

Crie uma bola de energia imaginária em suas mãos e passe-a para a pessoa na sua esquerda. Explique que qualquer pessoa pode acrescentar ou tirar energia à medida que se sentir apta e estiver passando a bola para os outros participantes. Assim que a bola tiver percorrido uma volta no círculo, sugira que na próxima oportunidade você pode usar mais a imaginação, mudando a forma ou a consistência da energia – ela poderá ser quadrada, fluida, pontuda etc. Você até mesmo pode decidir se iniciará lançando a bola, e não passando-a adiante aos outros participantes.

Em seguida, contorne todo o círculo estimulando uma batida de palmas, ou seja, bata uma palma e passe-a para frente. Tente ir cada vez mais rápido. A seguir, passe a batida de palmas e grite (algo alto e breve). Termine com todos seguindo a batida de palmas à medida que você passa-a para eles.

Feedback Este exercício não funciona muito bem com grupos pequenos; dessa forma, tente-o com pelo menos oito ou dez pessoas. Se você tiver um grupo de menor tamanho em que os membros já se conhecem mutuamente, eles provavelmente estão preparados para fornecer-lhe um incentivo.

Resultado Considere que a atividade em que há a disposição de pessoas em um círculo surpreendentemente promove muita energia e é envolvente. O resultado é que os níveis de energia são aumentados e há uma efetiva reunião de pessoas em torno de um grupo.

Variações Há poucas variações incluídas acima. A atividade inicia seu curso como um exercício típico de "tai chi", simplesmente passando uma bola de "chi". As adições têm crescido. O que você acrescenta somente é limitado pela sua imaginação. Se você, ou os membros do grupo, guardam algum preconceito diante dos elementos da filosofia oriental, então simplesmente transforme o enfoque inicial, utilizando uma bola imaginária. Pode-se mudar também seu formato e consistência.

Formação de equipe	✪✪✪
Quebra-gelo	✪✪
Energia	✪✪✪✪
Criatividade	✪
Diversão	✪✪

4.12 | Passem-me energia!

Preparação: Nenhuma.
Tempo de duração: Cinco minutos.
Ambiente: Uma cadeira para cada equipe de cinco membros e espaço para eles se espalharem.
Equipes: Cinco pessoas por equipe.

Divida o grupo em equipes de cinco pessoas e peça-as para selecionar o membro de maior tamanho do grupo para que ele se sente na cadeira. O restante do grupo fica em volta da cadeira, e em seguida cada pessoa entrelaça os dedos de ambas as mãos com os dedos indicadores apontando para fora. A seguir, elas colocam os dedos indicadores sob os joelhos e axilas da pessoa sentada na cadeira (um membro da equipe sob um joelho, um sob o outro joelho, um sob uma axila e o outro sob a outra axila). Elas devem então tentar erguer essa pessoa utilizando somente esses dedos. A maioria dos, ou todos os, grupos não terão sucesso.

Agora, peça ao grupo para elevar as mãos sobre a cabeça daquela pessoa e para tremê-las em volta dela, a fim de "absorver a energia da pessoa a ser levantada". Isso precisa ser feito durante um razoável período de tempo a ponto de os braços cansarem levemente. Agora, eles devem repetir rapidamente o exercício para levantar a pessoa. A maioria, ou todos os grupos, considerarão essa parte uma tarefa fácil.

Nós não sabemos como isso funciona. Provavelmente, é algo relacionado com adrenalina ou porque nos acostumamos com os braços levantados, ou coisa parecida. Talvez você queira experimentar isso antes de utilizá-lo a sério, para convencer a si próprio de que o exercício vai dar certo.

Feedback Esta atividade parece mágica quando tudo funciona corretamente. O grupo está coletivamente convencido de que a tarefa que eles estavam prestes a fazer não dará certo e, apesar disso, ela comprova ser de fácil solução.

Resultado Há muitas risadas e um pouco de espanto provocado por este exercício. Não resta dúvida de que você será chamado para dar explicações. Desde que não podemos repassá-la uma, você pode inventar, alegar ignorância ou confessar que é um segredo guardado a sete chaves ao longo de gerações de sua família, que um dia, no passado, jurou jamais revelar!

Variações Há variações que você poderia representar na história, ou no cenário desse aquecimento, mas há pouco que se possa fazer para alterar a atividade em si.

Formação de equipe	✪✪
Quebra-gelo	✪✪
Energia	✪✪✪✪
Criatividade	✪
Diversão	✪✪✪

4.13 | Um quadrado extra

Preparação: Um tabuleiro de jogos (veja abaixo).
Tempo de duração: Dez minutos.
Ambiente: Sala suficiente para as equipes permanecerem em uma fileira bem espaçada.
Equipes: Seis ou oito pessoas por equipe.

Este exercício requer equipes de números pares de membros, de quatro ou mais, mas seis ou oito membros funciona melhor. Se você tiver um número ímpar de participantes, entre na brincadeira ou utilize um cesto de lixo como o membro final da equipe. Cada equipe precisa de um tabuleiro de jogos. Ele consiste de uma fileira de quadrados, um para cada membro da equipe se situar, e um quadrado extra. O tabuleiro de jogos pode ser feito de pedaços de carpete, papel liso para uso em quadros de exibição de folhas móveis, ou algo planejado com antecedência.

O exercício inicia com a metade das equipes em cada extremidade do tabuleiro (um por quadrado). As duas outras metades ficam frente a frente, com o quadrado extra entre elas. As duas metades revezam-se para mover, e elas somente podem mover-se para o quadrado extra, posicionando-se sobre ele, se este estiver diretamente à frente deles, ou se um membro "pular" alguém que estiver à sua frente. Os membros não podem pular mais do que uma pessoa. O objetivo do jogo é o de trocar as duas metades da equipe.

Feedback Quando uma equipe falhar algumas vezes, o exercício pode dar a impressão de ser impossível. Reassegure aos membros de que ele pode ser feito. Tente-o algumas vezes antecipadamente com pequenos objetos, para se acostumar ao processo. Você pode dar algumas pistas à medida que o exercício prossegue. Uma dica útil é que você nunca deve ficar de frente com a parte traseira de ninguém, a menos que esteja na posição inicial ou na final. Outra dica é que nunca se afaste de alguém de frente para o lado oposto ao seu, a menos que você esteja saltando. Não forneça pistas logo no início do exercício.

Resultado Este exercício tem uma combinação forte muito rara, envolvendo movimento físico e raciocínio. Poderá haver algumas mensagens de comunicação que ele gera, desde que os membros das equipes tenham diferentes visões da solução.

Variações Como um novo desafio, tente combinar as duas equipes e resolvê-lo com o dobro de pessoas. O princípio é o mesmo, porém a chance de erro aumenta. Para adicionar energia, aplique a forma de "pula-sela" quando nos "saltos", em vez de um "giro" em torno dos outros participantes.

Formação de equipe	✪✪✪
Quebra-gelo	✪✪
Energia	✪✪✪✪
Criatividade	✪✪✪
Diversão	✪✪✪✪

4.14 | A Máquina de pessoas

Preparação: Nenhuma.
Tempo de duração: Cinco minutos.
Ambiente: Espaço suficiente para que todo o grupo permaneça circulando em volta.
Equipes: Participação individual dos membros; grupo pode ser de qualquer tamanho que possa permanecer em um círculo.

Tenha todo o grupo disposto em um círculo e peça para algum membro andar até o centro. Você vai construir uma máquina, sendo que cada pessoa vai se tornar uma peça componente da mesma. A pessoa no meio do círculo é o primeiro elemento da máquina. Para fazer isso, eles se moverão de forma descompassada e farão um barulho (por exemplo, baterão seus braços em volta emitindo sons metálicos ou rangidos). Um a um, o restante do grupo segue atrás deles, com cada um deles agregando seu próprio (diferente) movimento e seu próprio (diferente) som. Cada pessoa deve estar conectada ao menos a outra pessoa, embora a conexão possa ser remota (por exemplo, uma mão seguindo o movimento do pé de uma outra pessoa) ou mais física.

Feedback Assegure para que os participantes não se sintam limitados pelo círculo; eles devem mover-se em volta à medida que adotam suas fantasias. Com um grupo particularmente barulhento, saímos de nossa sala de reunião para um saguão de hotel com grande desenvoltura.

Resultado Este exercício parece ridículo e, de algum modo, trivial. Ele é, mas isso não é o seu pior aspecto. Ele promove grande diversão como um ponto de partida para reunir as pessoas. Se você necessita de um exercício que aumente a energia e as risadas do grupo, encontrou uma boa opção.

Variações   Se o grupo não está sendo particularmente imaginativo, é possível atribuir antecipadamente movimentos e barulhos a alguns dos últimos componentes. Uma variação eficaz é a de ter a máquina movendo-se em um círculo quando todos estão posicionados e, a um seu sinal, fazer com que todas as pessoas reproduzam as características da pessoa à frente (seus movimentos e barulhos). Uma outra pequena variante é insistir para que cada pessoa se conecte com pelo menos duas outras pessoas.

Formação de equipe	✪✪✪
Quebra-gelo	✪
Energia	✪✪✪✪
Criatividade	✪
Diversão	✪✪✪✪

4.15 | *Competição do elástico*

Preparação: Um elástico de bom tamanho para cada equipe.
Tempo de duração: Cinco a dez minutos.
Ambiente: Espaço suficiente para que o grupo seja dividido em equipes e ainda tenha espaço.
Equipes: Quatro ou vinte participantes por equipe.

Divida o grupo em equipes em que cada uma delas tenha um número superior a quatro membros. Caso suas equipes tenham mais de vinte pessoas, provavelmente você vai querer dividi-las mais tarde.

Forneça um elástico de bom tamanho para cada equipe. Ele pode ser feito de cordão trabalhado ou de borracha "elástica" caso necessário. O tamanho deve ser tal para que ele estique em torno de qualquer membro da equipe, mas conserve uma certa rigidez. O objetivo do jogo é que todos os elementos transponham o elástico. A primeira equipe a conseguir essa proeza é a vencedora.

Feedback Semelhantemente a todas as atividades de competição, o elemento competitivo agrega um entusiasmo difícil de ser atingido por qualquer outro modo. Certifique-se de que há um bocado de incentivo por parte dos membros da equipe – talvez você tenha de estimulá-los para conseguir esse resultado. Prêmios pequenos, adesivos e itens afins são bem apropriados para um exercício como esse, particularmente se houver prêmios para todas as pessoas.

Resultado Esta é uma atividade de alta energia e, se o elástico é um elemento que oferece dificuldades para ser transposto, pode ser hilariante.

Variações É possível permitir ou não a ajuda de outros membros da equipe. Em geral, constatamos que é melhor deixar todos com seus próprios recursos, pois o exercício pode tornar-se trivial se houver alguma forma de auxílio. Se você tiver um pouco mais de tempo, faça uma rodada possibilitando assistência, em seguida outra sem assistência, que realçará a diferença. Com elásticos de maior tamanho, é possível realizar uma variante requerendo que a equipe passe pelo elástico em pares (verifique primeiramente se isso é prático com seus elásticos). No caso de utilizar essa variante, é melhor selecionar os pares aleatoriamente (veja exercícios 3.11 a 3.13 para obter maneiras de formação de pares) para evitar que alguma pessoa fique de fora do exercício.

Formação de equipe	✪✪✪
Quebra-gelo	✪✪
Energia	✪✪✪✪
Criatividade	✪
Diversão	✪✪✪✪

4.16 | Provas do cão pastor

Preparação: Uma venda de olhos para cada participante.
Tempo de duração: Dez a quinze minutos.
Ambiente: Espaço suficiente para a equipe se mover em torno de longas distâncias, preferentemente em piso aberto.
Equipes: Duas equipes de qualquer tamanho.

Divida o grupo em duas equipes. O objetivo do aquecimento é o de um cão pastor guiar seu rebanho de ovelhas para um cercado.

O controle das ovelhas deve ser por meio de assobios ou palavras sem sentido (tais como 'venha') e não através de comandos de direita ou esquerda etc. Forneça a cada equipe tempo para a fixação de seus sinais. As equipes selecionam um membro da equipe para atuar como pastor. Deveria ser montado um cercado pelos pastores – ele não precisa ser sofisticado. As ovelhas (os membros da equipe remanescentes) são mantidas a uma certa distância e utilizam vendas nos olhos. Os pastores, em seguida, orientam as ovelhas para o cercado.

Feedback Esta atividade baseia-se em ter bastante espaço – normalmente disponível (e desperdiçado) em piso aberto. Seria possível realizá-la em um grande corredor, mas não tentamos. Ela ainda provê divertimento inócuo para o grupo de funcionários ou outros usuários do mesmo local.

Resultado À parte da diversão existem muitas lições sobre o valor de uma preparação total nesta atividade. Ela pode ser particularmente instrutiva se uma equipe levar muito mais tempo para realizá-la do que outra.

Variações Você pode administrar ambas as equipes ao mesmo tempo ou em separado (como uma prova de tempo). Executá-la com duas equipes ao mesmo tempo provê mais divertimento pelos comandos confusos e colisões. É possível permitir que as ovelhas se agarrem entre si. Isso torna a atividade mais fácil. Caso você não permita essa modalidade, então compensa avisar o cão pastor de que eles possivelmente necessitarão dar comandos às ovelhas e, portanto, precisam nomeá-las (mas não podem utilizar seus nomes reais). Controlar as ovelhas separadamente agrega significativamente ao tempo tomado. Uma alternativa com grupos maiores é ter dois ou quatro participantes sem vendas nos olhos. Esses são os cães que se movem somente sob comando. As ovelhas, nessa fase do exercício, ignoram comandos e simplesmente se agrupam ou se afastam com as batidas leves ou latidos emitidos pelos cães.

Formação de equipe	✪✪✪
Quebra-gelo	✪✪
Energia	✪✪✪✪
Criatividade	✪✪
Diversão	✪✪✪✪

4.17 | Tapete mágico

Preparação: Um tapete ou um pano resistente para cada equipe (suficientemente grande para que toda a equipe fique sobre ele).
Tempo de duração: Dez minutos.
Ambiente: Espaço aberto em um piso polido.
Equipes: Duas a seis pessoas por equipe.

O propósito desta atividade é de as equipes disputarem uma corrida, sobre tapetes, de um lado a outro de uma sala. Deverão ser bem estabelecidos os pontos de partida e de chegada. Divida o grupo em equipes e forneça a cada uma delas um tapete (utilize um bastante barato porque ele poderá ficar danificado no final). Equipes com mais de seis pessoas acharão esta atividade muito difícil, de forma que é melhor manter equipes com poucos participantes.

As equipes devem permanecer sobre seus tapetes e movê-los pela sala. Elas podem fazer isso da maneira mais apropriada possível, porém nenhuma parte de seus corpos pode tocar o piso fora do tapete.

Feedback É improvável que você realize este aquecimento sem que um tapete tenha sido rasgado ou um membro da equipe caído dele. Você deve determinar antecipadamente se haverá alguma sanção para isso (tal como retornar para o ponto de partida), outra que o atraso provocado pela reorganização da equipe. Não são necessários prêmios em um exercício como este. O modo mais eficaz que temos presenciado é o de ter um ou mais membros na frente segurando a borda frontal do tapete e o pulo simultâneo de todos os membros da equipe. Os que se encontram na parte frontal do tapete o puxam para frente, assim que todos os membros pulam para o mesmo. Ainda é possível mover o tapete, deslizando-o, em vez de saltar sobre ele.

Resultado Este é um exercício de caráter muito físico, excelente para elevar os níveis de energia. Ele pode formar equipes pequenas, mas, como toda atividade física, pode criar também conflitos de pequena monta quando ocorrerem erros.

Variações Se você contar com apenas um tapete, pode cronometrar cada equipe passando pela sala. Este enfoque é menos eficaz do que uma competição direta, pois as últimas equipes a realizar o exercício podem observar as técnicas das primeiras e, também, em virtude da necessidade de elas permanecerem ao lado esperando a redução dos níveis de energia.

Formação de equipe	✪✪✪
Quebra-gelo	✪✪
Energia	✪✪✪✪
Criatividade	✪✪
Diversão	✪✪✪✪

4.18 | Competição das bexigas

Preparação: Uma ou duas bexigas para cada pessoa do grupo.
Tempo de duração: Três minutos (pode ser mais longo, com um grupo maior).
Ambiente: Espaço suficiente para que todos os participantes se alinhem numa fila. Se houver um grupo muito grande, é possível administrar aquecimentos e, dessa forma, efetuá-lo com menos espaço.
Equipes: Participação individual dos membros.

Disponha o grupo em uma fila, com cada um dos participantes contando com uma bexiga que é, sob certa forma, exclusiva (pela sua cor, ou tem o nome do participante nela marcada). Os participantes enchem as bexigas de ar e as soltam. Vence a bexiga que percorrer a trajetória mais longa na sala. Se você desejar, pode disponibilizar duas bexigas para cada pessoa, possibilitando para que elas melhorem suas técnicas.

Feedback Este tipo de atividade é simplesmente uma diversão. Certifique-se de que os participantes estejam cientes de que isso é realizado por uma razão – para produzir os resultados abaixo – ou pode ser difícil tirá-los do que estavam fazendo para tomar parte em um jogo infantil. Pequenos prêmios caem muito bem, mas não são essenciais neste exercício.

Resultado Semelhantemente a todas as atividades parecidas com brincadeiras típicas de festas, este exercício gera muitas risadas e aumenta os níveis de energia. No entanto, há mais aspectos nesta atividade do que simplesmente aumentar os níveis de energia. Ela é muito efetiva no mudar o foco atual das pessoas, dando-lhes uma chance de abordar um problema partindo de uma diferente direção, ou preparando-as para examinar algo totalmente diferente.

Variações Esta atividade pode ser realizada como um exercício de equipe com parâmetros, tais como o maior percurso individual, ou a soma das distâncias, determinando a equipe vencedora. Se tivermos disponibilidade de uma sala bem ampla, é possível deixar que várias pessoas exercitem com a mesma bexiga (com aumento da atividade física, pois os participantes precisam correr pela sala). Também é possível realizar o exercício como uma competição em que as bexigas terão de ultrapassar uma linha, requerendo múltiplos "lançamentos" a partir do ponto onde elas pousaram no piso.

Formação de equipe	✪✪
Quebra-gelo	✪
Energia	✪✪✪
Criatividade	✪
Diversão	✪✪✪✪

4.19 Prontos para a contagem!

Preparação: Nenhuma.
Tempo de duração: Dois minutos.
Ambiente: Espaço aberto suficiente para que todos os participantes fiquem de pé, preferentemente em um círculo.
Equipes: Participação individual dos membros; sem restrições.

Tenha todos os participantes de pé, em um círculo, se o espaço permitir. Faça com que todos comecem a bater palmas ritmicamente. Isso deve ser razoavelmente rápido, em torno de duas palmas por segundo. Quando as palmas estiverem bem constantes, faça com que todos contem juntos em voz alta. Cada número deve coincidir com uma batida de palma. Faça-os percorrer os números de 1 a 10, e então de volta – de 10 a 1. Faça isso duas vezes. É necessário falar entre as rodadas para organizá-las – passe-lhes alguns avisos ao longo das falas de "tudo bem, lá vamos nós, de 1 a 10, então de volta, de 10 a 1, e ... (duas palmas) um, dois..." Quando eles se sentirem confiantes, faça-os repetir o mesmo em francês (novamente, faça isso duas vezes).

Feedback Grupos vão se dar razoavelmente bem até que surja a contagem regressiva em francês. Como a maioria das pessoas aprende os números de idiomas estrangeiros na seqüência, a contagem regressiva é muito mais difícil, resultando em um caos.

Resultado O exercício tira os participantes de suas cadeiras e torna-os ativos. Quando tudo vai dando errado em francês, normalmente há bastante risadas. Um grande diferencial deste exercício é que ele é muito rápido, não há qualquer preparação e pode ser utilizado para qualquer configuração de sala.

Variações Para tornar o exercício um pouco mais longo (e geralmente com mais expressões de júbilo), após executá-lo, informe aos participantes que essa é uma técnica antiga, própria dos regentes de coros. No canto anglicano, os salmos são cantados em dois grupos de dez notas, de tal forma que os coristas geralmente aprendem os cantos cantando de 1 a 10, e em seguida de 10 a 1. Como eles foram tão bem na primeira vez (não importa se realmente foram ou não), você o repetirá, porém "cantando" os números. Faça isso exatamente como antes, mas suba uma escala à medida que os números sobem, e desça a uma escala menor à medida que eles descem. Forneça-lhes a nota de partida quando terminar a introdução – tenha a certeza de que ela é bastante baixa para poder ser cantada nove notas mais altas depois dela.

Formação de equipe	✪
Quebra-gelo	✪✪
Energia	✪✪✪
Criatividade	✪
Diversão	✪✪✪✪

4.20 | Rabos de vaca

Preparação: Uma ilustração grande de uma vaca, uma venda para os olhos e um rabo dotado de fixador adesivo para cada equipe.
Tempo de duração: Cinco minutos.
Ambiente: Espaço suficiente para que um membro de cada equipe ande pela sala e fixe uma vaca na parede por equipe.
Equipes: No mínimo duas equipes, mas preferentemente quatro ou mais equipes; sem restrições nos tamanhos das equipes.

Venda os olhos de um membro de cada equipe e forneça-lhes a ilustração de um rabo. Cada equipe tem uma determinada vaca na parede. A tarefa dos membros é guiar seu membro vendado na direção da respectiva vaca e obter o posicionamento do rabo dela no local certo. Eles somente podem se comunicar com o membro vendado da equipe por meio de mugidos. Antes de começar, conceda às equipes um minuto para que elas possam criar um sistema de uso de mugidos, no sentido de dirigir a pessoa vendada. Em seguida, coloque a pessoa vendada bem distante da ilustração da vaca na parede. Pare o exercício após passarem-se mais quatro minutos se todas as ilustrações de rabos não estiverem posicionadas.

Feedback A tarefa básica não é trivial, mas muitas equipes não dão a necessária consideração no lidar com a interferência proveniente dos mugidos dos integrantes das outras equipes. Há interesses paralelos em comunicação entre equipes. Confira algum prêmio apropriado para a equipe vencedora (e talvez um prêmio de consolação para quem obteve o pior resultado).

Resultado Há muita energia envolvida neste exercício (certifique-se de que toda a equipe está de pé), pois os participantes superam o sentimento de ridículo sobre emitir mugidos. Há ainda a oportunidade de criatividade diante da possibilidade de os mugidos serem utilizados para fins de cooperação (e possivelmente, também, na recuperação de um desastre, se o processo de cruzamento de mugidos estiver confundindo o tópico).

Variações Utilizamos uma vaca para nos distanciarmos das brincadeiras típicas de festas de posicionar o rabo do burro, e porque o som de um mugido é um dos ruídos ridículos com mais facilidade de ser satisfeito. Como variante, é possível optar por um outro animal ou uma coisa totalmente diferente para atender os outros participantes (pouse a nave na estação espacial, coloque a salsicha no pãozinho...) contanto que você se cerque de um som apropriado para utilizar como instrução. É possível utilizar uma única vaca como o alvo para todas as equipes, maximizando com isso as colisões e a desordem.

Formação de equipe	✪✪
Quebra-gelo	✪✪
Energia	✪✪✪
Criatividade	✪✪
Diversão	✪✪✪✪

4.21 | Grupos de pares

Preparação: Nenhuma.
Tempo de duração: Cinco minutos.
Ambiente: Espaço suficiente para que todos os membros do grupo se misturem.
Equipes: Atividade de grupo.

Tenha todo o grupo levantado, de pé. Informe-lhes que você gostaria que eles se agrupassem em equipes cujos sobrenomes iniciam com a mesma letra (com um grupo menor, utilize sobrenomes de A a C etc. conforme apropriado – você precisará preparar isso com antecedência). Se eles não conseguirem se reunir depois de dois minutos, pare a atividade assim mesmo. Neste ponto, você pretende que eles se reúnam com pessoas que têm carros da mesma marca. Após mais ou menos um minuto, pare-os novamente. Neste ponto, você pretende que eles se reúnam com pessoas que estão usando roupas íntimas da mesma cor. Após mais ou menos um minuto, faça-os retornar às suas cadeiras.

Feedback Disponibilize mais tempo para a primeira sessão, pelo fato de que, com a prática, torna-se mais fácil a reunião de pessoas similares. Para iniciar, haverá algumas tentativas de se perguntar aos demais, até alguma pessoa tomar a iniciativa e ficar de pé numa mesa (ou equivalente), berrando a seleção de nomes com a voz mais alta que puder. Um excelente aspecto deste particular exercício é que quanto maior for o número de participantes, melhor ele será. Utilizamos este exercício com centenas de pessoas, obtendo resultados muito bons.

Resultado Praticamente um puro energizador, este é um excelente exercício de se tirar da cartola repentinamente, para reativar um grupo decaído ou colocar seus membros no estado de espírito de concentração. Utilizamos este exercício muito efetivamente com um grupo que tinha passado uma grande parte de uma tarde numa palestra, quando pretendíamos alguma contribuição positiva da parte deles.

Variações Você pode usar praticamente tudo para agrupar pessoas, embora essa atividade, preferentemente, deva ter um pequeno número de opções (idade, por exemplo, é um aspecto amplo demais). A cor da roupa íntima é um grande finalizador, porque carrega um leve *frisson* de malícia, deixando os participantes sob um estado elevado de energia. Não fique propenso a substituí-la por algo mais puro, quaisquer que sejam os participantes. Se você quer dispor de um finalizador alternativo, certifique-se de que ele tenha uma conotação similar (por exemplo, o que vocês vestem na hora de dormir).

Formação de equipe	✪
Quebra-gelo	✪✪
Energia	✪✪✪✪
Criatividade	✪✪
Diversão	✪✪✪✪

4.22 | *Gigantes, bruxas e anões*

Preparação: Nenhuma.
Tempo de duração: Cinco a dez minutos.
Ambiente: Espaço suficiente para que todos os membros do grupo permaneçam em duas filas (possivelmente espaço para também correrem em volta).
Equipes: Duas, com mais de seis pessoas no total (utilizamos este aquecimento no passado com mais de 200 pessoas).

Divida o grupo em duas equipes, em filas, de frente uma para a outra. Explique as regras. Gigantes, bruxas e anões é uma versão de equipe do jogo envolvendo papel, tesoura e pedrinhas. Gigantes derrotam bruxas socando suas cabeças. Bruxas derrotam anões lançando neles feitiços. Anões derrotam gigantes batendo por debaixo nos seus joelhos. Caso uma equipe decida que serão os gigantes, todos os seus membros devem mexer os pulsos sobre as cabeças e rugir com bastante força. Se decidir pelas bruxas, devem lançar feitiços e gargalhar num tom bastante alto. E, se decidir pelos anões, devem se ajoelhar e bater com os joelhos por debaixo dos gigantes enquanto gritam: "Ni, ni, ni, ni". Demonstre esses movimentos com uma interpretação superior dos personagens.

Conceda às equipes tempo para decidir como farão a mesma coisa ao mesmo tempo. Qualquer equipe com mais de um tipo perde. Represente o melhor de três ou cinco. Entre as rodadas, todas as pessoas permanecem ao alcance dos ouvidos da outra equipe, para que as táticas não possam ser discutidas explicitamente.

Feedback Há mensagens sobre planejamento e comunicação que podem ser extraídas deste exercício. Nós nunca utilizamos esta atividade sem que uma das equipes ou decidisse que não precisava de planejamento; jogaria de ouvido; ou passaria por um método elaborado de descobrir a pista da próxima rodada.

Resultado Este é um jogo de alta energia que muda rapidamente o humor de um grupo.

Variações Você pode mudar as regras e ter a equipe vencedora caçando e capturando uma (ou mais) equipe(s) derrotada(s). Este exercício é muito mais ativo, mas também compreende mais riscos. Será preciso assegurar para que o espaço disponível torne-o prático, sem que os participantes causem danos a ele, a seus conteúdos ou a si mesmos.

Formação de equipe	✪✪✪
Quebra-gelo	✪✪
Energia	✪✪✪✪
Criatividade	✪✪
Diversão	✪✪✪✪

4.23 | Aspirar e soprar

Preparação: Um cartão de negócios, uma carta de baralho, um descanso de copo ou similar (mais de um se você estiver competindo).
Tempo de duração: Cinco minutos.
Ambiente: Espaço suficiente para que todos os membros do grupo permaneçam em um círculo ou em várias filas se houver competição.
Equipes: Grupo total ou equipes de qualquer tamanho razoável.

Uma reflexão triste sobre o mundo é que precisamos pensar duas vezes antes de incluir um exercício que tem sido efetivo durante muitos anos por causa do temor da Aids, herpes ou outras doenças transmissíveis por fluidos corporais. Mesmo assim, pela sua validade, aqui está ele. Observe as variantes abaixo para contornar esse problema.

Faça com que todo o grupo fique de pé em um círculo com as mãos atrás de suas costas. O propósito do jogo é o de uma pessoa aspirar o cartão em sua boca e passá-lo para a pessoa seguinte. Ela, por sua vez, passa-o para os demais participantes, até que esse item percorra todo o círculo.

Feedback Este exercício origina-se de uma excelente brincadeira típica de festas e funciona bem como energizador com participantes que se conhecem mutuamente. Ele pode conter um elemento de invasão para certas pessoas, de modo que é melhor utilizá-lo com uma certa precaução.

Resultado Muitas risadas e elevação de energia. Considerável quebra-gelo também, se já existir uma boa familiaridade entre as pessoas.

Variações   Em vez de permanecer em um círculo, as equipes podem ser dispostas em filas. Cada equipe, então, disputa para passar um cartão de uma extremidade a outra da fila. Se houver qualquer preocupação sobre saúde, é possível recorrer à alternativa de se passar bexigas, bolas ou frutas, de pessoa a pessoa, utilizando-se os cotovelos, joelhos ou cabeça e ombro para prender os itens. Certifique-se de que isso é fisicamente possível de se fazer, antes de utilizar a combinação específica entre o item e as partes corporais. Combinações envolvendo cabeça e ombro são mais íntimas do que quando utilizamos os cotovelos, e portanto resultam em melhores quebra-gelos, mas também têm maior probabilidade de originar desconforto se os participantes não se conhecerem mutuamente.

Formação de equipe	✪✪
Quebra-gelo	✪✪✪
Energia	✪✪✪
Criatividade	✪
Diversão	✪✪✪✪

4.24 | Competição dos ímãs

Preparação: Alguns imãs cilíndricos e fortes
Tempo de duração: Cinco minutos.
Ambiente: Uma sala com um quadro magnetizado (do maior tamanho possível).
Equipes: Um membro ou equipes pequenas.

Os imãs que você utiliza para este exercício devem ser preferentemente marcados com pontos coloridos e cada pessoa deve receber um imã de cor diferente.

Se os imãs cilíndricos forem suficientemente fortes, rolarão descendentemente por um quadro magnetizado sem despregar da superfície, até atingirem a parte inferior do mesmo. O propósito desta atividade é realizar competições para ver quem faz seus imãs percorrerem as maiores distâncias pela sala depois de ele ter sido magnetizado pelo quadro. Se um imã desprega do quadro antes de um ponto predefinido, ele não servirá para a contagem.

Feedback Este exercício parece um tanto ridículo e distante dos problemas diários dos negócios, porém ilumina o estado de espírito e desvia a mente de qualquer atividade sob foco, oferecendo a oportunidade de retornar novamente a ela. Vale a pena explicar isso, ou a atividade pode parecer excessivamente frívola.

Resultado Esta atividade principalmente provê diversão, algumas risadas e uma chance para termos um pouco de entretenimento. Se realizada em equipes pequenas, pode gerar espírito de equipe, particularmente em algumas das variações descritas abaixo.

Variações Este exercício pode ser realizado como um jogo individual ou de equipe. Se for realizado em equipes, cada membro da equipe deve ter a oportunidade de rolar o imã e ter registrada a maior distância atingida com ele. Se isso não for feito, desmotiva bastante aqueles que não rolarem os imãs. Contando com mais recursos, é possível atingir uma versão mais impressiva, executando-a com insetos acrobatas de plástico com patas adesivas – eles rolam descendentemente por janelas, quadros brancos ou paredes lisas. Dispondo de tempo significativo (por exemplo, em um curso residencial), ele pode ser desenvolvido para um evento de maiores proporções, com pistas etc. Caso não possam ser encontrados imãs apropriados (ou insetos acrobatas de plástico), apodere-se de uma superfície em declive (incline uma mesa, desenrosque um quadro de uma parede) e utilize-a para rolar as bolas para baixo e ao longo do piso.

Formação de equipe	✪✪
Quebra-gelo	✪
Energia	✪✪✪
Criatividade	✪
Diversão	✪✪✪✪

5

Interrupções

5.1 | Construção de torres

Preparação: Rolo de papel de rascunho ou jornal, e um rolo de fita adesiva para cada equipe.
Tempo de duração: Cinco minutos.
Ambiente: Espaço suficiente para os participantes trabalharem nele.
Equipes: Duas ou mais equipes; três ou quatro pessoas por equipe.

O grupo é dividido em equipes de três ou quatro pessoas. Este exercício somente funcionará com duas ou mais equipes. A elas é conferido o desafio de construir a mais alta torre auto-sustentável possível, utilizando somente o papel e fita adesiva fornecidos como suprimento. No final do período de tempo estipulado, as torres precisam ficar totalmente num estado de auto-sustentação.

Feedback Possivelmente, não haverá um vencedor indiscutível, pois o teto poderá limitar a altura das torres, mas esteja preparado para selecionar um vencedor – ou vários vencedores – tendo como base uma combinação de altura e apelo artístico. Se qualquer uma das torres parecer particularmente fraca, tente soprá-la para ver se ela desaba no chão – isso divertirá as demais equipes – porém, ainda considere-a como bem-sucedida. O exercício se beneficia com prêmios banais, tais como pacotes pequenos de balas.

Resultado O exercício de construção da torre faz a equipe trabalhar em conjunto, mas o principal objetivo é ter as pessoas fazendo algo totalmente diferente da tarefa em vista para aumento da criatividade.

Variações Você deve possibilitar às equipes a perspicácia de proceder de modo a mover-se para uma parte diferente da sala ou para o corredor, se isso proporcionar maior altura de teto. Levar este exercício para ser feito ao ar livre pode ser interessante (especialmente com ventos leves). Disponibilizado com maior tempo, o exercício pode ser particularmente realizado para construir a torre mais atrativa, com o mínimo de 2 ou 3 m de altura. Isso possibilitaria alguma contribuição de caráter artístico, pelo uso de canetas marcadoras para uso em quadros brancos e mais considerações sobre o formato da torre, em vez de somente considerar sua altura total. Diversos materiais alternativos podem ser utilizados. Tente usar papel de revestimento de paredes ou próprio para fotocopiadora. O exercício pode ser executado sem permitir qualquer recurso para união do papel, ou apenas clipes de papel, porém, nesse caso, possibilite às equipes a construção de torres de maior altura.

Formação de equipe	✪✪✪✪
Quebra-gelo	✪✪
Energia	✪✪✪
Criatividade	✪✪✪
Diversão	✪✪✪✪

5.2 "E"s

Preparação: Nenhuma.
Tempo de duração: Três minutos.
Ambiente: Sem requisitos especiais.
Equipes: Duas ou três pessoas por equipe.

Divida o grupo em equipes pequenas. O desafio é ser a primeira equipe que tenha a capacidade de contar uma história breve, na qual a palavra "e" apareça cinco vezes em seguida, embora a história ainda faça sentido. Assim que uma equipe tenha uma possível solução, seus membros devem alertar o organizador. As demais equipes devem aguardar enquanto a história é contada.

Feedback Tentativas anteriores podem ampliar consideravelmente as regras. Seja positivo sobre elas, mas deixe que as outras equipes prossigam, encontrando novas soluções. Se nenhuma das equipes surgir com resultados em cinco minutos, agracie a melhor tentativa com um prêmio. Certifique-se de que você é capaz de prover uma solução válida se nenhuma tiver sido atingida. Um exemplo simples é descrito a seguir: Smith e Jones, que trabalham como açougueiros, pretendem comprar uma nova placa comercial para o estabelecimento deles. Ela retorna pronta da firma de confecção com pouco espaçamento entre as palavras. Smith telefona para o dono dessa firma, e diz: "Esta placa não ficou boa, e eu quero os espaços entre Smith e 'e' e 'e' e Jones com a mesma dimensão."

Resultado Este não é um exercício que injetará uma grande quantidade de energia, de modo que é mais bem aplicado quando o grupo já se encontra pleno de entusiasmo, porém necessitando de uma mudança de rumo. O requisito de pensar lateralmente é uma boa preparação para trabalho criativo. Você pode artificialmente agregar algumas doses de energia, exigindo que as equipes permaneçam em diferentes partes da sala enquanto trabalham em suas soluções, em vez de se sentarem em torno de uma mesma mesa.

Variações   Se a solução for atingida rapidamente (ou você pretende se mostrar para o grupo), estabeleça o desafio de aumentar o número de "e" para sete. Isso requer uma interpretação das regras um pouco mais ampla. Agora, a firma que confecciona as placas está fazendo uma placa especial para uma caminhada beneficente. O espaçamento novamente apresenta falhas. "Eu quero os espaços entre Resende e 'e' e 'e' e Extrema com o mesmo tamanho."

Formação de equipe	✪
Quebra-gelo	✪✪
Energia	✪✪
Criatividade	✪✪✪✪
Diversão	✪✪✪

5.3 | Palavras de difícil pronúncia

Preparação: Nenhuma.
Tempo de duração: Cinco minutos.
Ambiente: Sem requisitos especiais.
Equipes: Duas a quatro equipes com, no mínimo, duas pessoas por equipe.

Divida o grupo em equipes. Elas não devem passar de quatro (a menos que você queira ocupar-se com mais de cinco minutos no exercício), mas cada uma delas deve ter pelo menos duas pessoas. São conferidos três minutos para que as equipes elaborem o melhor conjunto possível de palavras difíceis de pronunciar. No restante do tempo, cada equipe compete com a série de palavras de difícil pronúncia que elaboraram com a próxima equipe da ordem. A equipe-alvo deve levantar-se e repetir três vezes sua série de palavras, com a maior rapidez possível. A equipe julgada como a produtora da mais eficaz série de palavras ganha um prêmio (se disponível).

Feedback Comente sobre os pontos que determinam uma boa série de palavras difíceis de pronunciar após o exercício: repetição e mudanças rápidas de posições de parte da boca entre palavras similares. Um bom exemplo para ajudá-los a perceber o que está acontecendo é a série de palavras: "três, tigre, trigo". Faça com que todos repitam rapidamente essa série durante várias vezes, enquanto se concentram no que ocorre fisicamente em suas bocas.

Resultado Este exercício é muito bom para promover energia, pois normalmente há muitas risadas, tanto na hora em que as equipes estão elaborando a série de palavras, como na hora da competição propriamente dita. Há um estímulo criativo pela necessidade de analisar o que gera uma boa série de palavras de difícil pronúncia, algo em que poucas pessoas chegaram a pensar um dia.

Variações   Há poucas variações neste exercício, mas alternativas quando está ocorrendo a competição propriamente dita; para todos os membros da equipe falarem a série de palavras, para todos os membros da outras equipes fazerem o mesmo, ou somente uma pessoa da próxima equipe fazer o mesmo. Com um número pequeno de participantes, a melhor solução seria que todos os membros das outras equipes falassem a série de palavras. Com um número grande, provavelmente é melhor manter o exercício em um nível individual, ou os resultados serão extensamente ofuscados.

Formação de equipe	✪✪✪
Quebra-gelo	✪✪
Energia	✪✪✪
Criatividade	✪✪✪
Diversão	✪✪✪✪

5.4 | Compre de mim

Preparação: Nenhuma.
Tempo de duração: Dez minutos.
Ambiente: Sem requisitos especiais.
Equipes: Máximo de dez pessoas no total.

Envie o grupo, separadamente como indivíduos, para encontrar um objeto em qualquer outro lugar da empresa distinto da sala de eventos ou reuniões. Eles têm de trazer algo de volta dentro de dois minutos. Deve ser um item interessante, que não poderá acarretar muitos problemas quanto ao seu deslocamento. Quando todos tiverem retornado, cada pessoa tem 30 segundos para vender seu objeto: para descrever por que o organizador deveria gastar seu dinheiro comprando-o. A pessoa que vender seu objeto com mais eficiência ganha um prêmio. Preferentemente, não mais do que sete pessoas devem estar envolvidas no exercício, pois ele se torna maçante se for coberto por um número exagerado de objetos. Deixe um minuto no final para os objetos serem devolvidos aos seus locais de origem.

Feedback Reaja com entusiasmo e humor na técnica de vendas. Mantenha o processo firme.

Resultado O processo de sair da sala de eventos ou reuniões e de pegar os objetos é um bom gerador de energia. É possível perder energia durante a etapa de venda, pois no decorrer dessa fase a maioria do grupo não estará ativa, e daí a necessidade de se manter o processo firme. É conveniente fazer com que cada vendedor se levante, e estimular os comentários dos outros participantes. Todavia, o principal benefício deste exercício é uma mudança de rumo. Encoraje os participantes a carregar seus objetos e suportar sua fala de venda na mente quando retornarem ao tópico da sessão – isso poderá gerar alguma reflexão muito original.

Variações   Se as condições não possibilitarem qualquer movimento, é possível ter as pessoas vendendo seus objetos pessoais, embora isso remova as vantagens consideráveis de termos as pessoas movendo-se para fora da sala. Uma variante que pode ser muito efetiva é fazer com que cada participante venda uma peça de seu vestuário, que eles devem remover antes da venda. Preferentemente, dê-lhes a oportunidade de saírem da sala para tirá-la – talvez você consiga alguns itens mais audaciosos dessa forma e, quanto mais eles se tornarem audaciosos, mais efetivo será o estímulo.

Formação de equipe	✪
Quebra-gelo	✪✪
Energia	✪✪✪
Criatividade	✪✪✪✪
Diversão	✪✪✪✪

5.5 Datas de nascimento às escuras

Preparação: Vendas de olhos (não essencial – veja variações).
Tempo de duração: Cinco a dez minutos.
Ambiente: Espaço suficiente para que as equipes se perfilem em filas e se misturem um pouco.
Equipes: No mínimo cinco pessoas por equipe.

Divida o grupo em equipes, com cada uma preferentemente com um número mínimo de cinco pessoas. A tarefa delas é se perfilarem em um fila na ordem de suas datas de nascimento. O problema é que elas têm de fazer isso vendadas, sem se falarem. Dê às equipes dois minutos para discutir as táticas (com a promessa de não mencionarem suas datas de nascimento). Neste ponto, os membros vendados prosseguem. Misture a ordem das pessoas dentro de cada equipe, no caso de conluio. Agora, tem-se um silêncio de três minutos, enquanto elas tentam ficar na ordem correta. Se elas perceberem que estão na ordem correta, devem indicar isso levantando as mãos. Anote a possível equipe vencedora, mas não detenha as demais, até que termine o tempo previsto para o exercício.

Feedback Lembre-se de conferir as datas de nascimento – elas podem estar incorretas. Gaste um minuto para conseguir a percepção da tática utilizada – veja se o enfoque varia de equipe para equipe.

Resultado Há uma boa combinação entre pensamento criativo e energia neste exercício. Estando vendados, os participantes ficam mais cientes de outros sentidos, e pode resultar em alguma interação interessante – oferecendo também um certo nível de quebra-gelo.

Variações Se houver tempo, uma boa maneira de tornar esse exercício uma interrupção ainda mais efetiva é ter uma sessão inicial de cinco minutos, enquanto cada equipe confecciona as vendas de olhos para as outras. Isso ainda significa que o exercício pode ser realizado sem qualquer preparação, aparte de ter os materiais disponíveis. Constatamos que itens típicos de uma sala de reuniões – folhas móveis utilizadas em quadros de exibição, fitas adesivas e canetas marcadoras – podem gerar algumas vendas de olhos muito criativas. O exercício já foi tentado sem a conversa inicial sobre táticas, mas esse enfoque pode ser frustrante para os participantes, e não é recomendado.

Formação de equipe	✪✪✪
Quebra-gelo	✪✪✪
Energia	✪✪✪✪
Criatividade	✪✪✪✪
Diversão	✪✪✪

5.6 | *Animais*

Preparação: Quatro folhas móveis para uso em quadros de exibição.
Tempo de duração: Seis minutos.
Ambiente: No mínimo duas mesas (de preferência quatro) e espaço suficiente para o grupo se mover.
Equipes: No mínimo quatro pessoas no total.

Divida o grupo em quatro equipes, tanto quanto possível iguais no tamanho, embora isso não seja essencial. Disponha quatro folhas de papel dobráveis sobre as mesas. Se houver tempo, faça três linhas horizontais em cada folha, dividindo-a em quatro partes. Cada equipe desenha a cabeça de um animal no quarto superior, então dobra o topo da folha, deixando somente as linhas do final do pescoço à mostra. Permita que elas tenham exatamente 45 segundos antes de prosseguirem. As equipes movem-se em círculo para a próxima mesa e finalizam a parte superior do corpo. Outro movimento é a parte inferior do corpo, mais um e as pernas e o rabo. Cada equipe, então, retorna à folha original, abre-a totalmente, afixa-a na parede e gasta um minuto decidindo qual é o animal e por que ele é significativo para sua equipe. A seguir, cada equipe faz uma apresentação de 30 segundos acerca de seu animal para todas as outras equipes participantes.

Feedback Faça algumas observações sobre os animais e sua descrição. Não deve ter um prêmio para este exercício – se houver um, conceda-o para a descrição mais extravagante ou provocadora de risos.

Resultado Este exercício é uma boa interrupção de propósito geral. O movimento de uma mesa a outra e a rígida sincronização de tempo mantêm a energia lá em cima, enquanto que o surgimento de partes de animais e, particularmente, as justificativas para o produto híbrido resultante estimulam a criatividade. Surgem fatos humorísticos tanto da descrição, como da (falta de) qualidade dos desenhos.

Variações O tópico a ser desenhado pode ser uma pessoa, mas o resultado é menos flexível. É importante não excluir a fase de descrição, pois é nela que surge a maior parte da criatividade e, sem sua presença, o exercício fica muito monótono. Se os números forem apropriados, institua uma regra em que as partes do desenho devem ser desenhadas por pessoas diferentes, para maximizar a contribuição direta de cada um dos participantes.

Formação de equipe	✪✪
Quebra-gelo	✪✪
Energia	✪✪✪
Criatividade	✪✪✪✪
Diversão	✪✪✪

5.7 | Idéias para despedir alguém

Preparação: Um quadro de exibição de folhas móveis, ou bloco de folhas de papel, para cada equipe.
Tempo de duração: Dez minutos.
Ambiente: Espaço suficiente para dividir o grupo em várias equipes.
Equipes: No mínimo duas, e no máximo cinco pessoas por equipe.

Divida o grupo em equipes, e preferentemente de três a cinco pessoas em cada uma. Isole-as utilizando salas distintas, ou separe-as tanto quanto possível em um única sala. Cada equipe passa cinco minutos criando novas idéias para despedir alguém. Estimule-as a serem frenéticas e originais. As equipes devem gerar o maior número possível de idéias, cada uma delas atuando como possível razão para alguém perder seu emprego. Após a geração de idéias, as equipes devem passar um minuto selecionando a idéia preferida a ser posta em prática. Reúna os grupos novamente. Cada equipe, então, tem um minuto para descrever sua idéia favorita aos demais participantes. As outras equipes devem surgir com formas de tornar a idéia prática.

Feedback Quando as equipes se reunirem novamente, proíba comentários negativos – somente aceite sugestões positivas. Isso pode envolver a modificação da idéia, por exemplo, uma idéia envolvendo matar alguém (impraticável) pode ser modificada para encontrar um modo de despedi-lo do serviço ou de recolocá-lo em outro.

Resultado Este exercício cuida do aperfeiçoamento da criatividade. Ao olhar para idéias fora do senso padrão, os participantes derrubarão as restrições que limitam sua inovação. O resultado se faz sentir em um grande número de idéias impossíveis, mas mesmo se elas permanecerem dessa forma, os participantes ficarão em uma disposição de espírito mais livre, e há grande possibilidade de ser gerada uma boa idéia. Esse não é o objetivo, mas poderá ser um resultado.

Variações   Geralmente, você consegue mais originalidade se cada membro da equipe criar suas idéias individualmente e, em seguida, redistribuir seu pensamento, mas isso requer cinco minutos a mais. Você pode escolher entre cinco idéias, em vez de uma única, para seguir em frente, mas novamente isso toma um certo tempo. Se possível, fique com os quadros de exibição de folhas móveis das sessões e ponha-os em torno da área onde os participantes estão tendo uma pausa no trabalho. Em áreas de caráter mais público, os resultados serão melhores.

Formação de equipe	✪✪
Quebra-gelo	✪
Energia	✪✪
Criatividade	✪✪✪✪
Diversão	✪✪✪✪

5.8 | A a Z

Preparação: No mínimo três quadros de exibição de folhas móveis ou quadros brancos. Pelo menos uma caneta de cor diferente para cada equipe.
Tempo de duração: Cinco minutos.
Ambiente: Sala de reunião ou treinamento.
Equipes: No mínimo duas equipes, com no máximo cinco ou seis pessoas por equipe.

Divida o grupo em equipes. Deve ser atribuída uma cor, e fornecida uma caneta ou um conjunto completo de canetas (de trabalho) da respectiva cor, a cada equipe, para que trabalhem nos quadros de exibição de folhas móveis ou quadros brancos. Posicione-os ao longo da sala. No topo de cada um deles, escreva o nome de um tópico. Ele pode ser constituído de títulos de filmes, animais, cidades e nomes de estrelas da música pop. As equipes, então, têm três minutos para dar exemplos sobre o tópico nos quadros apropriados. Cada equipe somente pode utilizar suas próprias canetas. Em cada quadro branco, só podem constar nomes que iniciem com uma letra particular (em um tópico, como estrelas da música pop, é preciso especificar os nomes).

Feedback Quando o tempo tiver transcorrido, retire as equipes dos quadros brancos o mais rapidamente possível (eles possivelmente ficarão propensos a prosseguir escrevendo). Faça com que os membros somem a pontuação de suas respectivas equipes. Oriente-os brevemente pelos conteúdos contidos nos quadros brancos, apontando todos os nomes desconexos, interessantes ou totalmente errados.

Resultado Embora essa interrupção envolva um elemento de ficar parado e pensar, a necessidade de mover em torno dos diferentes quadros brancos e de utilizar uma letra antes de qualquer outra pessoa confere também uma certa dose de energia. Gerar listas desta maneira pode ser surpreendentemente efetivo como uma maneira de estimular o raciocínio e afastar as pessoas da rotina.

Variações Provavelmente, é melhor recorrer a tópicos sobre os quais você detenha algum conhecimento, pois pode ser convocado para atuar como arbitrador. Outros tópicos poderiam englobar: objetos caseiros, rios, países, personagens históricos, personagens de ficção, títulos de livros, artistas etc. Com um tempo de preparação maior, escreva as letras A a Z em cada quadro branco, para garantir que não haja repetição de letras em nenhum dos quadros de exibição.

Formação de equipe	✪✪
Quebra-gelo	✪
Energia	✪✪✪
Criatividade	✪✪✪✪
Diversão	✪✪✪

5.9 Lançamento de aviõezinhos de papel

Preparação: Uma folha de papel A-4 (ou de carta) para cada participante.
Tempo de duração: Cinco minutos.
Ambiente: Sala de reunião ou treinamento.
Equipes: No mínimo duas equipes, com no máximo cinco ou seis pessoas por equipe.

Divida o grupo em equipes. Cada membro de equipe recebe uma folha de papel. Elas, então, têm três minutos para que cada membro de equipe confeccione um aviãozinho de papel. Durante os três minutos, eles também têm de decidir qual aviãozinho representará a equipe, sem testarem os mesmos. Decorridos os três minutos, os membros selecionados das equipes se alinham numa fila e atiram seus aviõezinhos de papel. O vencedor (detentor do aviãozinho que voar até o ponto mais distante) recebe um pequeno prêmio. Algo apropriado, como um aviãozinho de brinquedo barato, cai bem nessa ocasião.

Feedback Existe uma boa possibilidade de que cada equipe tenha diversos aviõezinhos que podem ser os vitoriosos. Uma das lições deste exercício é que não há uma única resposta correta a um problema – mas você tem de se sentir confortável em selecionar uma opção e adotá-la, em lugar de continuar a hesitar sobre os possíveis resultados.

Resultado Esta não é particularmente uma interrupção que promove muita energia, mas é excelente para desviar os participantes de sua corrente linha de pensamento e colocá-los em novas direções. Selecionar um aviãozinho para representar a equipe sem vê-lo voar é uma parte importante do exercício, tanto para enfatizar a possibilidade da existência de mais de uma resposta correta, como para apontar o risco inerente que existe em muitas decisões.

Variações Não fique tentado a deixá-los testar os aviõezinhos antes do lançamento, devido às razões acima descritas. Pode ser divertido ter um segundo teste em que todos os aviõezinhos são utilizados, mas mesmo assim tente primeiramente o enfoque seletivo. Para aumentar o incremento de energia sob boas condições de tempo atmosférico, considere levar os participantes ao ar livre para realizar este exercício. Se existir uma ponte, galeria ou varanda disponível, os aviõezinhos poderão ser lançados a partir delas, o que provocaria melhores resultados.

Formação de equipe	✪✪✪
Quebra-gelo	✪
Energia	✪✪
Criatividade	✪✪✪✪
Diversão	✪✪✪

5.10 | O desenho errado

Preparação: Diversos objetos pré-desenhados em cartolinas ou quadros de exibição de folhas móveis.
Tempo de duração: Cinco a dez minutos.
Ambiente: Mesas onde os parceiros podem sentar de qualquer lado. Se utilizar quadros de exibição de folhas móveis, disponha as mesas de tal modo que metade do grupo fique de costas para eles.
Equipes: Pares.

Divida o grupo em pares (veja exercícios 3.11 a 3.13) e tenha um par nomeado como o descritor e outro, como o artista. Ao descritor, cabe a tarefa de descrever um objeto ilustrado na cartolina ou no quadro de exibição de folhas móveis, mas durante sua descrição, somente pode utilizar formatos geométricos e sua orientação e posição na página. Não poderá haver comentários sobre o tópico total ou estilo do trabalho. O artista, então, desenha a figura, baseado na descrição do descritor. A situação ideal é aquela em que o descritor não pode ver o desenho que está sendo executado pelo artista.

Por exemplo: uma casa poderia ser desenhada sob a forma de um grande quadrado com um triângulo achatado no topo, disposto de tal modo que o maior lado do triângulo repousa em, e sobrepõe-se ligeiramente, à borda superior do quadrado. Há quatro quadrados menores dentro do quadrado de maior tamanho... e assim por diante. Você ainda poderá perceber o grau de dificuldade em executar um desenho que tenha muito mais pontos do que a tênue semelhança com o modelo original.

Feedback Os vencedores são o par com o conjunto de desenhos que guarda maior semelhança com os modelos originais. Certifique-se de que todos tenham a oportunidade de rir dos trabalhos de todos os seus concorrentes.

Resultado Esta interrupção é de energia relativamente baixa, e é muito mais útil como um modo de desligar do assunto em pauta do que promover níveis mais altos de energia.

Variações Ele pode ser realizado sem nenhuma preparação se você redigir um tópico a ser desenhado, em vez de desenhar uma imagem extraída de um modelo. Modelos podem ser extraídos do livros de colorir para crianças, a fim de evitar esforço desnecessário e estresse dos artistas. Se o número de participantes for relativamente pequeno, ou o espaço limitado, uma alternativa é ter um único descritor com todos os outros participantes tentando reproduzir o mesmo modelo.

Formação de equipe	✪✪
Quebra-gelo	✪✪
Energia	✪✪
Criatividade	✪✪✪
Diversão	✪✪✪

5.11 | Desenhos abstratos

Preparação: Nenhuma.
Tempo de duração: Cinco a dez minutos.
Ambiente: Mesas onde os parceiros podem sentar de qualquer lado.
Equipes: Pares.

Divida o grupo em pares (veja exercícios 3.11 a 3.13) e tenha um par nomeado como o descritor e outro, como o artista. O descritor tem de desenhar um objeto utilizando pelo menos um círculo e, no máximo, 10 linhas novas. Essas linhas não precisam ser retas. O descritor, então, passa verbalmente ao artista o que ele desenhou, utilizando somente formatos geométricos, e sua orientação e posição na página. O artista, conseqüentemente, tenta reproduzir a figura. A situação ideal é aquela em que o descritor não pode ver o desenho que está sendo executado pelo artista. Fica claro que não é concedida ao artista a oportunidade de ver o desenho original.

Feedback Essa interrupção funciona exatamente da mesma forma que o exercício "O desenho errado" (5.10), mas suporta uma leve mudança pelo fato de que o descritor pode influenciar a complexidade da tarefa. Ele tem a vantagem de não precisar de nenhuma preparação, mas é mais variável quanto aos resultados do que o exercício anterior.

Resultado Os vencedores são o par com o conjunto de desenhos que guarda maior semelhança entre eles. Certifique-se de que todos tenham a oportunidade de rir dos trabalhos de todos os seus concorrentes.

Variações Fica claro que o círculo e as 10 linhas novas são arbitrários. Variá-los é uma tarefa muito simples. É possível até torná-lo específico a um particular tópico, incluindo um formato relevante na lista de requisitos. Uma variante interessante é aquela em que o conjunto de objetos utilizados para construir a figura são especificados de antemão (por exemplo, um círculo, um triângulo, duas linhas retas, dois pontos e uma linha ondulada). Ambos os participantes criam independentemente uma figura utilizando esses objetos, e em seguida comparam os resultados. Se utilizar esse enfoque, deixe que uma pessoa desenhe a figura em primeiro lugar, tente "projetar" a figura mentalmente ao outro, e em seguida deixe que a segunda pessoa desenhe sua figura. Provavelmente, é melhor combinar uma tentativa usando essa abordagem independente entre os participantes com uma outra utilizando o enfoque de descritor e artista.

Formação de equipe	✪✪
Quebra-gelo	✪✪
Energia	✪✪
Criatividade	✪✪✪
Diversão	✪✪✪

5.12 Quadrado mágico

Preparação: Nenhuma (ou preparação de cartões).
Tempo de duração: Cinco minutos.
Ambiente: Uma mesa para cada participante ou para as equipes.
Equipes: Participação individual dos membros ou equipes pequenas.

Este exercício pode ser realizado com uma equipe pequena ou como uma atividade individual, dependendo de seus propósitos. Se o exercício é empreendido em equipes, conseqüentemente o comportamento é conveniente para a resolução de problemas de equipes pequenas.

O objetivo é meramente construir um quadrado mágico utilizando os números de 1 a 9, dispostos em uma grade de três em três, de tal forma que a soma de três números – em todas as linhas horizontais, verticais e diagonais – tenha como resultado o número 15.

A solução é:

8	3	4
1	5	9
6	7	2

e rodando-os também funciona:

2	7	6
9	5	1
4	3	8

Feedback Provavelmente, você vai constatar que algumas pessoas acham esta atividade fácil, ao passo que outras a consideram difícil. Se for este o caso, não pare quando o primeiro participante obtiver um resultado – espere um pouco. A estrutura das equipes, se o exercício é realizado como uma atividade de grupo, será um fator determinante do grau de rapidez com que uma equipe obtém a resposta.

Resultado Essa é uma interrupção proveitosa para mudar o estado de espírito e comportamento de um grupo. Se você tem se envolvido em trabalhos de grupos altamente ativos e precisa alterar o compasso e o foco, utilize-a. Ela pode ser útil tanto em esfriar levemente os níveis de energia se um grupo está tornando-se muito alvoroçado, como no desviar de um tópico em que o grupo está com dificuldades de deixar de lado.

Variações Você pode pedir às pessoas para criarem o quadrado traçando-o numa folha de papel, ou é possível preparar conjuntos de pequenos cartões com os números de 1 a 9 neles estampados. Dispor de cartões pré-preparados dá melhores resultados com grupos, pois todos têm a chance de discutir sobre os pontos em que cada cartão deverá ser posicionado.

Formação de equipe	✪✪
Quebra-gelo	✪
Energia	✪
Criatividade	✪✪✪
Diversão	✪✪

5.13 Deixe-me contar-lhe uma história

Preparação: Nenhuma.
Tempo de duração: Dez minutos.
Ambiente: Espaço suficiente para que os participantes sentem-se em um círculo, ou pelo menos ao alcance do ouvido de todo o grupo.
Equipes: Todo o grupo.

Neste exercício de interrupção, o grupo inteiro se reúne para contar uma história. Você seleciona o tema. Escolha algo que tenha muitas associações e um forte componente imaginário. Pode ser um tema tradicional encontrado em histórias em um cenário irreal, ou algo inteiramente original. Por exemplo: é possível ter "Chapeuzinho Vermelho participa do balanço anual dos acionistas" ou "Bananas elétricas". A seguir, você pede que alguém inicie e passe a história adiante, assim que ela tiver alguma consistência, para que a próxima pessoa possa prosseguir nessa atividade. O número mínimo varia de uma a várias sentenças.

O objetivo é de quando você tiver passado por todo o grupo, a história estará finalizada, você conseguiu realizá-la da maneira mais improvável possível e manteve uma aderência muito grande ao tema.

Feedback Constatamos que com essa interrupção, semelhantemente a muitas outras, utilizar um tema brando relacionado à sexualidade aumenta o envolvimento dos participantes.

Resultado Você poderia utilizar essa interrupção como o ponto de partida para uma sessão de geração de idéias criativas como forma de estimular a imaginação. Também é possível utilizá-la só como uma forma de ser um pouco ridículo por um determinado tempo.

Variações A maioria das variações deste exercício envolve os diferentes modos de trocar o narrador da história. Você pode simplesmente mover-se em torno do círculo. É possível contar com o narrador da história selecionando o próximo participante (para evitar que alguns participantes que teriam de esperar muito tempo se desliguem da história). O organizador pode selecionar quem será o narrador seguinte. Você pode ter regras sobre exatamente onde a linha da história quebra, para maximizar as possibilidades de humorismo. Por exemplo sempre terminar com um adjetivo (exceto para a última pessoa). Isso possibilita algumas inserções de suspense: "E ela estava carregando um enorme...", e assim por diante. Você pode conceder pontos a quem provocar risadas generalizadas, manter a aderência ao tema ou alinhavar a história para o próximo participante.

Formação de equipe	✪✪
Quebra-gelo	✪✪
Energia	✪✪
Criatividade	✪✪✪✪
Diversão	✪✪✪

5.14 | Navegador

Preparação: Um mapa para cada equipe e uma lista de localidades.
Tempo de duração: Cinco minutos.
Ambiente: Uma mesa para cada equipe.
Equipes: Um ou mais grupos de duas a seis pessoas.

Forneça mapas idênticos a cada equipe. Eles podem ser guias rodoviários ou, de preferência, mapas com escalas próximas a 1:50.000. Antes da atividade propriamente dita, determine cinco localidades do mapa. Elas devem ser bem separadas. Algumas dessas localidades podem ser vilas ou pontos de interesse; outras, lugares maiores. Transfira a lista de localidades para um quadro de exibição de folhas móveis ou quadro branco, ou consiga uma lista impressa para cada equipe. O exercício é uma competição para ver quem é a primeira equipe a conseguir um itinerário que vincule as cinco localidades na ordem em que você especificou. Deixe claro que são as equipes que devem decidir como organizar a atividade entre seus membros. Se você contar com uma única equipe, o exercício fica sendo completar a atividade em cinco minutos.

Feedback Assim que uma equipe tiver um itinerário, pare a atividade. Faça com que seus membros mostrem o itinerário às outras equipes, para que estas o verifiquem em seus mapas e se preparem para criticá-lo. Se houver um erro sério, a equipe está fora da competição e o exercício prossegue. Um prêmio apropriado (talvez bússolas para cada membro da equipe vencedora) torna essa atividade mais divertida.

Resultado Esta não é uma atividade que aumenta a energia, mas a equipe fica envolvida em uma tarefa complexa – localizar as cinco localidades e planejar uma rota. Como tal, uma parte significativa da atividade é tirar em consenso qual a melhor maneira de dividir a tarefa. Atividades baseadas em mapas são boas para estimular o pensamento criativo, de modo que configuram um exercício de interrupção de respeitado valor.

Variações Com equipes maiores e duas salas, pode haver um trabalho de revezamento – divida a equipe em duas, com cada equipe tendo um mapa. A primeira equipe cria um itinerário sem os nomes das localidades, o qual é transmitido verbalmente à segunda equipe, que tem a tarefa de recriar a lista de localidades.

Formação de equipe	✪✪✪
Quebra-gelo	✪
Energia	✪✪
Criatividade	✪✪✪✪
Diversão	✪✪

5.15 | *Slogans absurdos*

Preparação: Planeje uma meta para cada equipe.
Tempo de duração: Cinco minutos.
Ambiente: Uma mesa para cada equipe.
Equipes: Equipes de duas a seis pessoas.

A cada equipe é dada uma meta para produzir um slogan. Elas têm quatro minutos para elaborar um bom slogan, e em seguida cada equipe compete com seu slogan com o restante do grupo. O slogan vencedor é premiado. O artifício contido neste ponto é que a meta deve ser algo particularmente difícil de ser vendido. Tente elaborar os slogans mais absurdos possíveis, sem deixar de levar em conta os outros participantes. Exemplos poderiam ser:

- Vlad, "o Guerreiro", é candidato a prefeito;
- vender produtos eletrônicos baratos para o Extremo Oriente;
- uma pílula para combater a flatulência;
- vender navios de guerra de papel para a Marinha.

Feedback Se houver tempo disponível, faça com que as equipes descrevam como elas obtiveram o slogan. Geralmente, a hilaridade inicial levará a uma "correção simples". Como eles conseguiram o resultado? O que é democrático ou autocrático? Foi um trabalho de equipe ou individual dentro da equipe? Não há uma resposta correta neste ponto, e estamos simplesmente tentando ajudá-lo a entender como eles trabalham em conjunto.

Resultado Quanto mais ridículos forem os slogans, mais energia você está sujeito a induzir. Este, entretanto, é um bom exercício de interrupção para revitalizar o pensamento criativo, pois a resposta força os participantes a pensar sobre a forma como eles trabalham juntos.

Variações   O exercício funciona um pouco melhor com diferentes metas para cada equipe, mas ele pode ser utilizado sobre um tópico simples. Para preservá-lo conciso, limitamos o resultado à produção de um slogan animado, mas há muitas variações nesse ponto. Dispondo de mais tempo, as equipes poderiam produzir um jingle publicitário, uma propaganda de amplo alcance, um release da imprensa ou um anúncio de jornal. É válido enfatizar que, se for envolvido algum tipo de performance, é melhor eles aderirem a uma representação "direta". Comédia intencional é extremamente difícil para os amadores se saírem bem, e, de qualquer modo, qualquer coisa que eles fizessem não seria intencionalmente engraçado.

Formação de equipe	✪✪✪
Quebra-gelo	✪✪
Energia	✪✪✪
Criatividade	✪✪✪✪
Diversão	✪✪✪

5.16 Passando a responsabilidade

Preparação: Uma bola do tamanho de uma bolinha de tênis.
Tempo de duração: Três minutos.
Ambiente: Sem requisitos especiais.
Equipes: Grupo inteiro.

Dê a bola a um membro do grupo. A tarefa dos membros do grupo é passar a bola para toda a equipe, com a exceção de que a bola não pode ser passada adiante à pessoa que se encontra ao lado. Não faça qualquer menção para eles deixarem as cadeiras, mesas etc. Cronometre a atividade. Diga-lhes quanto tempo ela demorará, e peça-lhes que reduzam o tempo pela metade. Quando completarem outra rodada, peça-lhes para reduzirem ainda mais o tempo, a 3 segundos.

Feedback Se ninguém notar isso, dê-lhes uma dica, após um certo tempo, de que eles não precisam ficar sentados ou na mesma posição. Muitas das formas de acelerar o exercício envolve mudar, de arremessar a bola (e deixá-la cair) a meios rápidos de passá-la – por exemplo, uma fileira levemente inclinada de mãos para baixo com a qual é rolada a bola. Os meios mais rápidos são para que todos evitem a bola e toquem-na imperfeitamente (embora, inevitavelmente, não com exatidão) ao mesmo tempo.

Resultado O objetivo do princípio deste exercício (e esse é um que merece ser explicitamente apontado) é notar que as restrições que nos detêm de alcançar algo são muitas vezes auto-impostas. Ninguém disse que eles tinham de permanecer na posição, mas quase sempre a primeira ou segunda tentativas envolverão esse comportamento. É interessante também (e novamente merece ser apontado) que mover um pouco as "traves do gol" (reduzindo o tempo pela metade) não provoca uma solução criativa, ao passo que se consegue esse efeito ao movê-las por um longo caminho. Para extrairmos uma boa medida desse exercício, é mostrado também que o que é inicialmente previsto como impossível geralmente não é verdadeiro. Apesar de todo esse aprendizado, ele na realidade apenas injeta uma pequena quantidade de energia ao grupo.

Variações Não há muitas variações óbvias, embora o objeto passado possa ser praticamente qualquer item, mas deve ser um objeto pequeno e não tão delicado, para encorajar a inclinação original de lançá-lo (por exemplo, um frisbee).

Formação de equipe	✪✪✪
Quebra-gelo	✪
Energia	✪✪
Criatividade	✪✪✪✪
Diversão	✪✪✪

5.17 | Que lixo!

Preparação: Nenhuma.
Tempo de duração: Dez minutos (ou o tempo para o exercício ser realizado).
Ambiente: Uma sala com um quadro de exibição de folhas móveis, que possa ser visto por todos os participantes.
Equipes: Grupo de qualquer tamanho.

O único objetivo é gerar o maior número de razões possíveis para que um produto, gama de produtos, ou um serviço, seja um lixo (utilize um termo mais explícito se o grupo não tiver propensão para se sentir ofendido). Se o produto ou serviço-alvo pode ser o melhor produto ou serviço oferecido pela empresa, tanto melhor.

Feedback Há bem poucos aspectos de "lavar a roupa suja" com alguém ou algo, mas sim um certo grau de energização. Este aquecimento envolve as pessoas, e prepara-as para uma sessão que vai reparar alguns dos problemas que elas identificaram.

Resultado Este tipo de resultado provê um fio condutor valioso para uma sessão de geração de idéias, particularmente uma que foque no aperfeiçoamento de produtos. Há dois resultados óbvios. O primeiro é que há uma elevação de energia, e o grupo entra em um estado de espírito que faz com que clame as boas idéias em voz alta. O segundo é que você gera uma lista de áreas de desenvolvimento que podem ser utilizadas como matéria-prima para uma sessão de resolução de problemas.

Variações A interrupção pode ser realizada como um fim em si mesma ou como fonte de matéria-prima para a sessão principal. O tópico pode sofrer as maiores formas de variações. O único fator importante é que ele deve focar nos pontos negativos. O exercício pode ser igualmente aplicado aos seus próprios produtos ou aos produtos de seu concorrente. Se o único objetivo é reunir as pessoas de um grupo, utilize o produto de um concorrente, ou preferentemente as políticas, regras e restrições da empresa dele, como meta. Se você estiver trabalhando em projetos de melhoria de produtos, certifique-se de que, no entanto, está separando seus próprios produtos e serviços, por mais doloroso que isso possa ser.

Formação de equipe	✪✪✪✪
Quebra-gelo	✪✪
Energia	✪✪
Criatividade	✪✪✪✪
Diversão	✪✪✪

5.18 | Ferramentas inusitadas

Preparação: Uma folha de papel para cada equipe.
Tempo de duração: Dez minutos.
Ambiente: Sem requisitos especiais.
Equipes: Uma ou mais equipes com três a seis pessoas.

Selecione um problema concreto, específico. Transforme-o em algo dramático – a construção de Stonehenge *N.T., endireitar a torre inclinada de Pisa etc. Este é o problema para todas as equipes.

Cada equipe passa aos participantes uma folha de papel, de pessoa a pessoa. A primeira pessoa escreve "Um(a)" e dobra inteiramente a folha de modo que tudo que estiver escrito fique oculto. A segunda pessoa escreve um substantivo (por exemplo, chave-inglesa, lingüiça etc.) e dobra-a novamente. A terceira escreve um adjetivo (por exemplo, grande, verde etc.). A próxima pessoa escreve "com", o outro substantivo seguinte, e assim por diante. Certifique-se de que você tem uma série de palavras suficientemente grande para que todos possam redigir algo (o papel retorna aos participantes se a equipe for pequena demais). O modo mais fácil de elaborar isso é, inicialmente, fazer uma descrição de uma ferramenta inusitada, e utilizá-la como o modelo do tipo de palavra requerida em cada estágio. Por exemplo: "Uma máquina de moer carne grande com lâminas pesadas que opera sobre rodas."

A equipe, agora, desdobra sua folha e gasta uma sessão de um minuto decidindo exatamente como essa ferramenta improvável poderia ser utilizada para resolver o problema. Em seguida, as soluções são compartilhadas com todo o grupo, e a mais divertida recebe um prêmio.

Feedback Enfatize a forma como tem sido possível resolver o problema (confessadamente com falhas enormes) utilizando as mais inadequadas ferramentas, e certamente com nenhuma da que eles originalmente tinham pensado. Realce a necessidade de tratar um problema partindo de uma direção inesperada se os meios usuais estão falhando.

Resultado O processo de resolver um problema com uma ferramenta inusitada não é o benefício real deste exercício. Ele não é planejado para produzir uma real solução (portanto, o valor de um prêmio), mas sim colocar os participantes em um estado de espírito para resolução de problemas.

Variações A ferramenta inusitada poderia ser gerada de várias maneiras, como é o exemplo do uso de um programa de computador ou de palavras diferentes no rodar círculos concêntricos de papel de cartolina.

Formação de equipe	✪✪✪
Quebra-gelo	✪
Energia	✪✪
Criatividade	✪✪✪✪
Diversão	✪✪✪

6

Alta Tecnologia e Alta Preparação

AS PREPARAÇÕES DOS EXERCÍCIOS

A maioria dos exercícios do Capítulo 5 requer uma preparação relativamente pequena. No entanto, alguns dos melhores necessitam de um pouco de trabalho prévio – esse esforço é mais do que recompensado pelo impacto conferido por um exercício dramático. Às vezes, é somente uma questão de tornar um exercício padrão mais efetivo. Por exemplo: o de interrupção "A a Z" (5.8) pode ser melhorado significativamente pela preparação de quadros de exibição de folhas móveis ou quadros brancos com listagens de letras de A a Z. Esses elementos podem ser preparados antes do evento, ou durante uma pausa para o almoço ou café.

Este capítulo, no entanto, faz um exame, além do aperfeiçoamento básico, em exercícios que simplesmente não funcionam sem uma quantidade significativa de preparação. Isso pode ser feito em sua parte da tarefa, envolvida em produzir ou expor o material para o exercício, ou pode ser uma atividade delegada, como dispor de um PC e projetor de vídeo ou ter outra tecnologia disponível no dia.

O KIT DE FERRAMENTAS DE PREPARAÇÕES

Antes de verificar os exercícios específicos, considere a utilidade de reunir um kit de ferramentas para trabalho em equipe imediato. Isso lhe conferiria recursos proveitosos para empreender alguns dos exercícios mais simples que requerem preparação sem, na verdade, consumir qualquer quantidade de tempo do dia. Se você está, com freqüência, envolvido em gerir reuniões, em treinamentos ou desenvolvimentos, isso seria extremamente valioso.

O kit específico de ferramentas requerido vai variar significativamente, dependendo da sorte de atividades que você executa, mas os seus conteúdos típicos poderiam ser expressos da seguinte maneira:

- diversos jogos de canetas marcadoras para quadros brancos;
- diferentes pedaços coloridos de tiras;
- tesouras;
- fita adesiva;
- papel para quadros de exibição de folhas móveis;
- pistolas de água;
- vendas de olhos (máscaras de dormir servem bem para essa função);
- um marcador de tempo – tal como um cronômetro ou um marcador de cozinha;
- um dispositivo fazedor de barulho (por exemplo, uma buzina a ar ou um alarme de incêndio).

Pistolas de água ou bolas de espuma macia podem ser excelentes acessórios para acompanhar muitos exercícios. Qualquer coisa exigindo que alguém pare após um determinado tempo (ou quando eles ficarem entediados) que puder ser dado, e que promova um *frisson* extra, armando os participantes com instruções de acioná-los, caso quem estiver falando desviar-se da especificação.

Uma ferramenta final de utilidade geral é a câmera fotográfica instantânea. Pode ser de um tipo tradicional, como uma Polaroid, câmeras digitais de uso corrente com um PC para suporte, ou uma filmadora e TV se nenhuma das anteriores estiver disponível. A câmera instantânea tem um papel específico a desempenhar em alguns dos exercícios deste capítulo, mas ela também tem seu valor no capturar momentos interessantes em quase todos os exercícios. Essas tomadas de cena, se utilizadas corretamente, podem ser úteis para estimular o espírito de equipe e a reunião de pessoas. É importante que as imagens não sejam vistas como uma ameaça – de mostrá-las ao resto do mundo –, mas sim como algo que "nos" pertença.

6.1 | Corrente de pessoas

Preparação: Antes do evento, cada pessoa redige um único parágrafo sobre sua experiência e interesses. Esses dados são disseminados pela sala (ou uma área maior, se possível) em folhas individuais (folhas A). Extraia uma única informação sobre cada pessoa e produza uma segunda folha (folhas B) contendo essa informação, mas com o nome de uma outra pessoa no topo. Posicione essas folhas em volta da sala.
Tempo de duração: Um minuto para cada membro da equipe.
Ambiente: Qualquer formato de sala, com bastante espaço circundante; quanto maior, melhor.
Equipes: Participação individual dos membros, preferentemente entre oito a trinta pessoas.

Esteja certo de que cada membro do grupo tenha papel e caneta à mão. A tarefa deles é produzir uma série de nomes. Primeiramente, devem achar a folha B com o seu próprio nome estampado nela. Isso trará informação-chave abaixo do nome sobre uma outra pessoa. Eles devem descobrir de quem é essa informação, redigindo o segundo nome no papel depois de seu próprio nome. Em seguida, encontram a folha B com o nome desta segunda pessoa para obterem a próxima pista. Utilizando essa técnica, eles seguem a pista da série de pessoas. As folhas A provêm informação de fundo. Navegando por elas, os participantes conseguem descobrir as informações necessárias.

Feedback É excessivo (e constrangedor) manter a sessão operando até que a última pessoa finalize a corrente. Espere pelas primeiras três pessoas e pare o exercício. Faça-as ler suas correntes de nomes (você deve ter uma pré-preparada) para realizar uma verificação.

Resultado Na pressa de encontrar vínculos, é fácil omitir o quanto você está obtendo de informação sobre os indivíduos envolvidos. Este exercício provê um pouco de quebra-gelo inicial, e é particularmente efetivo com uma sessão envolvendo uma certa distância da base.

Variações Embora não seja essencial, é bom contar com fotografias dos participantes nas folhas A. Se você não consegui-las com antecedência, considere a utilização de uma câmera digital para inserir os instantâneos dos participantes nas folhas. Se você dispor de um pouco mais de tempo, faça com que cada pessoa encontre sua própria folha A no final e leia em voz alta para o restante dos participantes – para reforçar o vínculo.

Formação de equipe	✪✪
Quebra-gelo	✪✪✪✪
Energia	✪✪✪
Criatividade	✪✪
Diversão	✪✪✪

6.2 | Pescaria de contratos

Preparação: Um número grande de folhas de papel com clipes presos a elas (no mínimo dez folhas para cada equipe). É aconselhável que os papéis estejam na forma de esboços de contratos. Para cada equipe, um bastão com um pedaço alongado de fita preso ao mesmo (2-3 m) e um ímã fixado na ponta da fita.
Tempo de duração: Cinco minutos.
Ambiente: Qualquer formato de sala em que uma pequena divisão da mesma possa ter uma fileira de mesas posicionadas ao longo dela.
Equipes: Pelo menos duas equipes e, preferentemente, um número máximo de cinco ou seis pessoas por equipe.

Construa uma barreira com as mesas, e coloque todas as folhas de papel no piso oposto a essa barreira. Forneça uma vara de pescar a cada equipe. Descreva o cenário: a companhia decidiu possibilitar a participação de todos os seus grupos nas licitações de qualquer e todo projeto requerido. Em lugar de os grupos precisarem passar por todo o processo consumidor de tempo envolvendo os trâmites para a entrada nas licitações, todos os contratos foram colocados em um "*pool*". Aquela equipe que pescar um contrato ganha o direito de executá-lo. Um membro da equipe ficará pescando: em intervalos regulares, você solicitará a ele que passe a vara de pescar adiante até o ponto em que todos os membros fizeram sua tentativa. Durante o processo, notifique-os dos intervalos requeridos pelo tamanho da equipe para a passagem da vara de pescar. Faça com que o restante da equipe estimule o pescador.

Feedback Some os contratos que cada equipe possui e confira à vencedora algum tipo de prêmio. Assinale que, muito embora essa seja uma boa maneira de alocar contratos, para tornar o exercício efetivo, eles necessitariam ter a opção de rejeitar um contrato – lançando-o de volta ao "*pool*" – caso não pretendessem executá-lo.

Resultado   Este exercício pode gerar uma grande quantidade de energia, especialmente quando mais de uma pessoa perseguir o mesmo contrato.

Variações   Para uma versão provocadora de reflexões mais demorada, cada contrato deveria ser rotulado com uma duração e valor. A equipe somente pode reter contratos com, digamos, 100 pontos de duração. Seu propósito é o de maximizar valor, e eles podem lançar de volta um contrato ao "*pool*" de contratos.

Formação de equipe	✪✪
Quebra-gelo	✪✪
Energia	✪✪✪✪
Criatividade	✪✪
Diversão	✪✪✪✪

6.3 | Navegando na Internet

Preparação: Um PC conectado à Internet para cada equipe. Cinco informações improváveis. Endereços de três mecanismos de busca na Web.
Tempo de duração: Quinze minutos.
Ambiente: Mesas para que cada equipe possa ficar comodamente em torno do monitor de um PC.
Equipes: Pelo menos duas equipes e, preferentemente, um número máximo de quatro pessoas por equipe.

Escreva três endereços de mecanismos de busca na Web em um quadro branco ou quadro de exibição de folhas móveis. Ainda, coloque cinco pedidos sobre informações. Eles devem ser concisos e obscuros. Por exemplo:

- o nome do quarto episódio da terceira temporada da série *Arquivos X*;
- o nome de uma música interpretada por Ligetti;
- o peso atômico do Polônio;
- o vencedor como melhor filme do Oscar de 1964 da Academia.

No final das sessões, espera-se que as equipes tenham respostas a todas as questões, além de terem descoberto o site mais inusitado. Quando as cinco questões forem respondidas, elas deveriam registrar isso, mas sem deixar de prosseguir na busca por um site fora do comum. Conceda-lhes dez minutos para a busca e, em seguida, obtenha a resposta. Você pode trocar os digitadores no PC de dois em dois minutos.

Feedback Cada equipe alardeia em voz alta seus endereços fora do comum, e as outras equipes navegam até eles. Faça uma votação com as equipes sobre qual é o melhor site – se não houver concordância entre elas, anule os resultados. Prêmios para a primeira equipe a finalizar e para o site mais fora do comum.

Resultados Esta não é uma atividade que aumenta muito a energia, porém é efetiva como uma interrupção quando seu grupo estiver focando demais em um tópico específico e necessita pensar em algo totalmente diferente. Ela ainda demonstra a eficácia da Internet para aqueles menos familiarizados a ela, e, assim, também provê um pouco de conhecimento instantâneo.

Variações Você pode reduzir o tempo a dez minutos se promover apenas a busca do site mais fora do comum – na verdade, cinco minutos envolvendo só navegação na Internet pode ser uma interrupção eficaz, contanto que todos realizem o exercício com seu próprio PC. No entanto, para manter o interesse de uma equipe, é necessário que este exercício ultrapasse a condição de ser só um elemento de competição.

Formação de equipe	✪✪
Quebra-gelo	✪
Energia	✪✪
Criatividade	✪✪✪
Diversão	✪✪✪

6.4 | Instantâneos

Preparação: Câmera fotográfica instantânea (Polaroid), câmera digital ou filmadora. Meia hora de visita em sites. Mapas imprecisos.
Tempo de duração: Dez minutos.
Ambiente: Sem requisitos especiais.
Equipes: Pelo menos duas equipes e, preferentemente, um número máximo de seis pessoas por equipe.

Antes de iniciar o exercício, tire cinco fotos em torno do local da sessão utilizando uma das tecnologias sugeridas na seção de preparação. As fotografias devem ser de algo claramente identificável, porém difícil de ser notado. Os locais retratados devem estar fora da sala de reunião, mas numa distância muito curta, capaz de ser vencida a pé. É fornecido um mapa impreciso da área e são mostradas as cinco fotos às equipes. A tarefa delas é marcar os pontos onde as cinco fotos estão localizadas no mapa.

Feedback Se uma equipe obtiver as cinco fotos antes de finalizar o tempo estabelecido, você pode ter uma foto extra tirada de sua manga para mantê-los ocupados. A equipe que primeiramente conseguir a correspondência entre as cinco fotos, ou que chegar mais próximo, é a vencedora da prova.

Resultado Tirar fotos instantâneas é uma excelente atividade de múltiplos propósitos, que faz as pessoas saírem de seus escritórios, para fora das salas de reuniões, e em busca de algo numa maneira criativa.

Variações Neste exercício, são possíveis diversas variações. É possível mostrar as cinco fotos de uma única vez, ou ter uma foto mostrada nos primeiros dois minutos, uma nos próximos dois minutos, e assim por diante (isso indica que as equipes precisam gerir melhor o tempo). Se as fotos são mostradas de uma única vez, é possível repeti-las em mais uma sessão de visualização, ou você poderia ter duas ou três sessões de visualização pelo evento. Uma inversão deste exercício, requerendo um número considerável maior de equipamentos e mais tempo, é também possível. Anote em uma folha diversos itens ou vistas interessantes ao redor da sala de reuniões. Cada equipe é enviada com algum tipo de câmera fotográfica instantânea, e tem de retornar com fotos do maior número possível de objetivos. Essa variante é particularmente desafiadora pois é possível incluir objetivos móveis, como é o caso de pessoas.

Formação de equipe	✪✪✪
Quebra-gelo	✪
Energia	✪✪✪✪
Criatividade	✪✪✪
Diversão	✪✪✪✪

6.5 | *Fontástico*

Preparação: Câmera digital mais PC, ou filmadora e TV para cada equipe.
Tempo de duração: Dez minutos.
Ambiente: Bastante espaço de sala para que cada equipe tenha, pelo menos, 2 m de área de piso desimpedida – preferentemente em salas separadas.
Equipes: Pelo menos duas equipes, com quatro a cinco pessoas por equipe.

Cada equipe deve produzir uma fonte corporal e capturá-la em uma câmera digital ou filmadora. Para fazer isso, os membros da equipe tentam interpretar o maior número possível das principais letras do alfabeto, utilizando somente seus corpos. Um membro da equipe captura cada letra utilizando a câmera (se utilizar a filmadora, apenas alguns segundos de cada letra, e não um vídeo de todo o processo). A função efetuada pelo operador de câmera deve ser trocada várias vezes para assegurar que todos os participantes tomem parte do jogo.

Feedback A equipe vencedora é a que apresentar as letras mais fáceis de serem entendidas – se houver empate, decida com base na qualidade da fonte.

Resultado Esta pode ser uma atividade desenfreadamente barulhenta, portanto, certifique-se de que o ambiente é propício a isso. Há muita energia e quebra-gelo (difícil não tomar parte dela quando as contorções estão sendo feitas em conjunto com os demais participantes).

Variações É possível utilizar esta atividade sem as câmeras sob a forma de um exercício instantâneo real, em cujo caso ele poderia fazer parte de qualquer uma das três categorias. No entanto, ele funciona muito melhor com as câmeras, pois senão os participantes não dariam a mínima para ver suas próprias letras, nem as atividades das outras equipes, e isso é uma principal parte do valor. Outras variantes compreendem envolver os participantes na produção de números ou figuras utilizando seus próprios corpos. Esta última opção é valiosa se você não dispõe de recursos suficientes para ter equipes pequenas – construir letras com uma equipe grande é menos desafiador, mas fazer uma figura de uma casa é um exercício que exige o máximo de esforço das pessoas. O exercício é mais íntimo se os participantes tiverem de permanecer no chão em detrimento de tentarem reproduzir as letras de pé – possivelmente você pretenderá transformar isso num requisito.

Formação de equipe	✪✪✪✪
Quebra-gelo	✪✪✪
Energia	✪✪✪✪
Criatividade	✪✪✪✪
Diversão	✪✪✪✪

6.6 | Alerta de bomba

Preparação: Uma maleta ou caixa com fechadura de combinação e até quatro pedaços de fita bastante compridos para cada equipe. Para cada número da combinação, deve ser fixada uma pista na parede.
Tempo de duração: Dez minutos.
Ambiente: Uma sala bastante ampla, preferentemente com outros ambientes utilizáveis conectando diretamente a ela.
Equipes: Cada equipe com um número máximo de cinco pessoas.

As equipes são especialistas na desativação de bombas. A tarefa que elas têm de enfrentar é desarmar a bomba aplicando o código correto no dispositivo. Há apenas uma chance de serem bem-sucedidas. Um membro da equipe é deixado com a bomba; o restante tem de descobrir o código. Assim que eles deixarem a área de segurança, não podem retornar ou falar, pois isso pode disparar o mecanismo sensível da bomba. Felizmente, cada membro da equipe tem um pedaço de fita. Eles seguram uma ponta; a pessoa que está com a bomba segura a outra. É permitido que a equipe converse para que eles definam como utilizarão a fita para fins de comunicação. Eles, então, deixam o local onde está a bomba e são proibidos de conversar entre si.

As pistas devem ser enigmáticas, porém simples. Por exemplo: Bomba A, dígito 1 – raiz quadrada de 64 (ou some junto os dois números dos lados de um dodecaedro, ou o número X de homens em um barco, de Jerome K. Jerome). Quando toda a combinação for introduzida no dispositivo, a pessoa que detém a bomba levanta sua mão, toda a equipe retorna para o centro e a pasta (caixa) é aberta ou.... catástrofe.

Feedback Como incentivo, você pode especificar um pequeno prêmio, como um pacote de balas, na maleta. Não pare o exercício porque uma equipe finalizou-o, mas imponha um limite restringindo o tempo com anúncios regulares do progresso – a bomba vai explodir após dez minutos se ela não tiver sido desativada.

Resultado   Esta atividade é uma boa combinação entre coesão da equipe, criação de energia com o movimento e a tensão e estimulação da criatividade.

Variações   Se possível, conte com um efeito sonoro ruidoso (por exemplo, uma buzina de ar ou alarme de incêndio) preparado para quando você monitora a introdução da combinação. Se a combinação estiver errada, acione os efeitos com bastante barulho. Se a bomba tiver sido efetivamente desarmada, isso deverá fazê-los pular de alegria.

Formação de equipe	✪✪✪
Quebra-gelo	✪✪
Energia	✪✪✪
Criatividade	✪✪✪✪
Diversão	✪✪✪✪

6.7 | Regra das regras

Preparação: Um baralho de cartas de bom tamanho, ou um PC com projetor e um programa para lançar cartas ao acaso.
Tempo de duração: Cinco minutos.
Ambiente: Qualquer disposição da sala, desde que todos os participantes possam ver as cartas.
Equipes: Participação individual dos membros.

Vire uma carta para cima e ponha-a de lado. Em seguida, "jogue" com as cartas remanescentes. As cartas são viradas para cima e postas junto à primeira carta. Você define então se a carta é válida ou não, e deixa-a de lado. A carta é válida se ela se enquadra nas regras do jogo, mas o grupo desconhece-as. A tarefa dele é deduzir quais são as regras. Assim que alguém achar que consegue descrever qual é a regra, pare o processo e ouça seu relato. Se ele for verdadeiro, o exercício está terminado. Se for errado, prossiga até que alguma pessoa seja capaz de descrever as regras.

As regras é você quem cria, porém devem ser aplicadas com consistência. Exemplos possíveis são: "As cartas devem se suceder com diferentes naipes", ou "uma carta deve ter maior valor que a carta anterior". Se essa fase mostrar-se fácil, junte certas regras, como é o exemplo de: "Uma carta vermelha deve seguir uma preta, a menos que ela seja uma figura; nesse caso, ela pode vir na seqüência de qualquer carta."

Feedback Tenha diversas regras de reserva. Se a regra é deduzida rapidamente, diga que foi uma rodada de teste e realize-a novamente com uma regra mais complexa. Se alguma pessoa deduzir erroneamente, assinale os perigos de se fazerem suposições com provas incompletas – mas um convidado oportuno poderá ganhar o jogo.

Resultados Este exercício é um modo eficaz de aquecer os humores criativos, porém avise os participantes de que uma abordagem analítica não é a ideal nos primeiros estágios da criatividade, fase essa em que é melhor ignorar regras, a lógica e a praticidade.

Variações O mesmo princípio pode ser aplicado a quase tudo em que pode ser deduzida uma regra. Numerosos enigmas físicos podem ser utilizados, como por exemplo, uma caixa com furos, em que uma bolinha de gude é deixada cair em um furo e emerge de um outro, e os participantes têm de deduzir a estrutura interna da caixa. Essas variantes da rotina do dia-a-dia são mais bem executadas com vários artefatos e um trabalho de equipes pequenas.

Formação de equipe	✪
Quebra-gelo	✪
Energia	✪✪
Criatividade	✪✪✪✪
Diversão	✪✪✪

6.8 | Demônio da competição

Preparação: Um baralho de cartas para cada pessoa.
Tempo de duração: Dez minutos.
Ambiente: Uma ou mais mesas.
Equipes: Uma ou mais, com pelo menos quatro e um número máximo de dez pessoas por equipe.

Este jogo, outrora popular, funciona bem como um aquecimento. Cada membro da equipe tem um baralho de cartas. Eles o embaralham e colocam 13 cartas viradas para baixo, na mesa. Quando estiverem preparados, uma pessoa indicada para isso diz: "Iniciem!" Os jogadores apresentam a carta de maior valor. O objetivo é ser o primeiro a livrar-se dessas 13 cartas (o demônio). Elas são removidas construindo-se montes de cartas do mesmo naipe, do Ás ao Rei, no centro da mesa. Todas as pilhas são compartilhadas – qualquer jogador pode pôr uma carta na pilha que desejar (mas deve ser utilizado um Ás para iniciar esse processo). Para tornar essa ação mais prática, o jogador pode também jogar utilizando as cartas remanescentes do baralho no modo tradicional do jogo de "paciência" (solitário) – virando três cartas ao mesmo tempo, e se a carta descoberta enquadrar-se numa pilha, ela poderá ser jogada. Certifique-se de que os participantes entendam que não são permitidas outras mãos – você joga o mais rápido que puder.

Feedback Uma demonstração rápida pode ser de utilidade. Assim que um jogador da equipe se despojar das 13 cartas, o jogo é parado.

Resultado Pode parecer que um jogo de cartas não aumentará os níveis de energia, mas a necessidade de acompanhar vários pontos diferentes para obter a oportunidade de jogar, faz dessa atividade um jogo intenso. Envolva os jogadores para que permaneçam nos seus lugares, para obterem uma energia extra.

Variações   Na versão completa do jogo, ele finaliza quando é despojado o primeiro demônio, mas o ganhador é decidido pela soma do número de cartas com que cada pessoa jogou. Todos, exceto o jogador sem nenhum demônio, subtraem duas vezes o número de cartas deixadas no demônio de seu total. Isso torna o jogo mais tático, mas envolve um final mais longo, reduzindo o impacto como aquecimento. Esse enfoque ainda requer que cada baralho tenha um diferente modelo de retorno para que possa ocorrer a contagem das cartas.

Formação de equipe	✪
Quebra-gelo	✪✪
Energia	✪✪✪
Criatividade	✪✪✪
Diversão	✪✪✪✪

6.9 | A cadeia da Web

Preparação: Um PC com conexão à Internet para cada equipe. Conferência recente de sites na Web.
Tempo de duração: Dez minutos.
Ambiente: Uma mesa para cada equipe.
Equipes: Duas ou mais, com quatro pessoas por equipe.

O propósito do exercício é navegar de um site na Web (com seu endereço fornecido) para um outro (desconhecido). A rota é indicada por um conjunto de pistas, cada uma delas apontando para um de vários sites intermediários. A maioria dos sites na Web tem *links* para outros sites. A preparação envolverá que você encontre um site de partida, depois de navegar ao longo de uma cadeia de conexões. Tenha a certeza de que alguns sites reúnem um número considerável de *links*. Então, pense em uma conveniente pista misteriosa para tornar claro qual o *link* a ser utilizado pela equipe. Por exemplo: se um *link* direciona para um fabricante de balões de ar quente, você poderia dizer que os produtos "dessa empresa" podem ser inflados por políticos. A primeira equipe a estampar o site-alvo na tela de seu computador é a vencedora.

Feedback Você não vai desejar que a mesma pessoa "comande" o PC ao longo do exercício, ou os outros membros terão um valor limitado. Divida a equipe pelo número de pessoas da maior equipe e, em intervalos apropriados, faça-os passar a direção do PC para a pessoa seguinte. Isso será particularmente proveitoso se as equipes consistirem de uma mistura entre principiantes e especialistas em trabalhos pela Internet.

Resultado Simplesmente expor os participantes aos diferentes sites na Web (tente torná-los os mais bizarros e divertidos possíveis – utilize uma listagem de "sites legais" para encontrar alguns) proverá pontos de lançamento para o pensamento criativo. Se você desconhecer como fazer isso, confira o verbete "criatividade já!" da página de criatividade da Creativity Unleashed Limited – http://www.cul.co.uk/creative. A interação de equipes em trabalhos com pistas contribuirá para que as pessoas trabalhem juntas com maior eficiência.

Variações Repare na necessidade de verificar o mais rigorosamente possível que a cadeia ainda é viável; os sites na Web mudam sem aviso prévio. No evento de uma interrupção na cadeia, esteja preparado para pular um *link*.

Formação de equipe	✪✪✪
Quebra-gelo	✪✪
Energia	✪✪
Criatividade	✪✪✪✪
Diversão	✪✪✪

6.10 | Caça ao tesouro

Preparação: Quatro itens do mesmo tipo por equipe, cores diferentes para cada equipe, posicionados em torno da área de recreação. (Opcionalmente mapa da área de recreação.)
Tempo de duração: Dez minutos.
Ambiente: Área grande em que as equipes podem se mover livremente.
Equipes: O maior número possível, com duas a quatro pessoas por equipe.

Divida o grupo em equipes. O objetivo é ser a primeira equipe a voltar com seus quatro itens. Cada equipe tem os mesmos tipos de itens, mas com cores diferentes. Pedaços de tiras vivamente coloridas (fáceis de amarrar nos locais), ou bexigas, são objetos bem efetivos. Será preciso determinar a área de recreação previamente, distribuindo os objetos que deverão ser encontrados. Isso requer alguma sutileza. Se a área da atividade estiver em uso (realizamos este exercício em hotéis e escritórios), os objetos precisam ser colocados em locais possíveis de serem encontrados, mas não tão óbvios a ponto de os transeuntes removê-los. As equipes devem retornar em cinco minutos, mesmo se elas não obtiveram todos os quatro objetos. Possivelmente, você considerará que será útil contar com uma mapa da área de recreação, tanto para limitar o tempo tomado, como para evitar que as equipes se desviem para áreas proibidas.

Feedback Pequenos prêmios para todos, mas um pouco melhores para as primeiras equipes que retornarem com os objetos dão bons resultados. É particularmente efetivo que você possa ter algum tipo de atividade (por exemplo quebra-cabeças) a ser realizada pelas primeiras equipes que retornarem, no caso de elas terem de esperar alguns minutos pelas restantes.

Resultado Há muito movimento envolvido neste exercício, e ele faz com que as pessoas saiam de suas salas de reunião. Isso pode ser duplamente proveitoso, pois puxa a energia para cima (particularmente se a sala tiver um ar-condicionado ruim), e, também, dá tempo para que você se prepare para as outras partes do evento ou reunião.

Variações Na versão básica, as equipes são enviadas sem instruções específicas de como permanecer juntas. Uma boa variante é pedir a elas que permaneçam como um grupo, e reforçar esse ponto dizendo que os membros devem ficar de mãos dadas no decorrer do exercício. Isso acrescenta um interessante desafio ao exercício e provê um pouco de trabalho em equipe, particularmente se ele for realizado em local público.

Formação de equipe	✪✪✪
Quebra-gelo	✪
Energia	✪✪✪✪
Criatividade	✪✪
Diversão	✪✪✪✪

6.11 | Construções com blocos Lego™

Preparação: Blocos Lego™., uma construção simples, típica do jogo da Lego™ para copiar e uma venda de olhos.
Tempo de duração: Dez a quinze minutos.
Ambiente: Pelo menos duas salas.
Equipes: Quatro pessoas por equipe.

O objetivo do aquecimento é copiar uma estrutura simples típica do jogo da Lego™. Divida o grupo em equipes: uma são os olhos, uma é a boca, duas são as mãos, braços e pernas.

Os olhos podem ver o que está sendo copiado, mas não podem falar e nem ver o que está sendo construído. A boca pode falar e ver o que está sendo construído, mas não pode ver o que está sendo copiado. As mãos, braços e pernas não podem ver (eles usam vendas nos olhos).

Em uma sala, os olhos vêem a estrutura original e, em seguida, passam instruções para a boca. A boca orienta as mãos, braços e pernas pelo processo de construção utilizando-se dessas instruções. A boca não pode tocar os blocos Lego™ ou os parceiros da equipe.

A primeira equipe a finalizar a construção com precisão é a vencedora. A menos que você tenha um tempo extra, ignore a cor dos blocos.

Feedback Neste exercício de aquecimento, você é dependente dos seus parceiros de equipe. É frustrante quando há algum obstáculo para o progresso. Muitas vezes, dá a impressão de que você poderia fazer o trabalho melhor sozinho. Algumas funções fazem com que os membros da equipe sintam-se excluídos, e é cômodo deixá-los dessa maneira. Quando você está sob pressão, é fácil focar na tarefa e no raciocínio em lugar de pensar nos membros da equipe.

Resultado Com uma sessão de discussão logo depois, este aquecimento provê lições importantes sobre trabalho em equipe.

Variações A divisão da equipe é arbitrária, e o mesmo acontece com seu tamanho. É possível executar essa atividade com equipes de três pessoas (um construtor), ou introduzir novas funções no processo. Se você pretender incorporar lições sobre comunicação, deve proibir a tomada de notas e pode introduzir etapas extras entre os olhos e a boca.

Formação de equipe	✪✪✪✪
Quebra-gelo	✪✪
Energia	✪✪✪
Criatividade	✪✪✪
Diversão	✪✪✪✪

6.12 | Objetos sem sentido

Preparação: Uma seleção de objetos bizarros, como é o caso de cones de trânsito, formatos grandes em espuma.
Tempo de duração: Dez minutos.
Ambiente: Espaço para que todos os participantes se vejam, e um pouco de espaço para movimentação.
Equipes: Participação individual dos membros; grupo pode ser de qualquer tamanho.

Você precisa de uma seleção de objetos bizarros, grandes, que podem prover uma centelha para a imaginação. O desafio para os participantes é dar um passo à frente, pegar um desses objetos e representar uma cena com ele. Em outras palavras, o objeto, que em seus próprios termos é desprovido de sentido, é utilizado como um acessório para se tornar alguma coisa diferente.

A atividade termina quando todos tiverem participado. Se o grupo for grande, vale a pena limitar o exercício para cerca de seis ou sete participantes – todos aleatoriamente selecionados.

Feedback Para ter este jogo "a todo vapor", é necessário contar com uma ou duas pessoas do grupo preparadas para dar um passo à frente e fazer deboche de si próprias. Outras tendem a entrar na brincadeira quando conseguem alguma idéia. Se você tiver um grupo, em sua maior parte composto de pessoas extrovertidas e desinibidas, este exercício "decolará", e provavelmente você vai requerer um tempo extra se o grupo for grande.

Resultado Este aquecimento é muito divertido e tende a ser envolvente. Desde que ele se baseie na perspicácia, acontecerá de alguns elementos de um grupo o considerarem muito duro de ser realizado. É melhor, não pressioná-los.

Variações Você pode considerar uma boa medida estabelecer um limite de tempo (talvez 45 segundos) para cada indivíduo, com pistolas de água ou outras armas prontas, no caso de eles ultrapassarem esse tempo. Conforme descrito, os participantes podem selecionar qualquer tipo de acessório. É possível fornecê-los antecipadamente, de modo que cada indivíduo trabalhe com o acessório recebido. Isso também funciona bem no fornecimento antecipado dos acessórios e no possibilitar que as pessoas os troquem quando perceberem que eles servem para a performance de uma outra pessoa. A atividade pode também ser realizada numa base de equipe, com um membro representando uma cena para os demais participantes. Se esse enfoque for utilizado, os objetos devem circular pelas equipes, com membros de equipes distintas se revezando para utilizar objetos diferentes.

Formação de equipe	✪✪
Quebra-gelo	✪✪
Energia	✪✪✪✪
Criatividade	✪✪✪✪
Diversão	✪✪✪

7

Outras Fontes

À medida que você se aprofunda no livro, vai se tornando óbvio que coletamos nossas atividades de aquecimentos, interrupções e quebra-gelos com base em uma ampla variedade de fontes. Muitas obtivemos de outros facilitadores e instrutores; algumas adaptamos de jogos infantis e outras, inventamos por nossa própria conta. Nós não tiramos nenhuma diretamente de outros livros, mas é inevitável que ocorram algumas sobreposições, particularmente naquelas que nos foram contadas por outras pessoas.

Gostaríamos imensamente que você conseguisse expandir seu repertório de atividades além das presentes neste livro. A fonte mais fácil serão os outros facilitadores ou instrutores. Eles têm uma vantagem sobre os livros, pelo fato de ser possível perguntar-lhes sobre seus exercícios favoritos – dessa forma, você pode preferentemente examinar e testar idéias, em vez de simplesmente obtê-las de uma relação. (Praticamente todos, neste livro, são exercícios prediletos examinados e testados.) A seguir, pergunte a crianças pequenas quais são suas brincadeiras prediletas, próprias de festinhas. Normalmente, elas escolherão as de grande ação e alta energia, que possuem a faculdade de ser adaptadas com uma certa facilidade.

A melhor fonte a seguir serão os outros livros. Nós relacionamos abaixo algumas fontes. Enquanto os verifica, você também se beneficia com a expansão de suas buscas e a leitura de jogos infantis e brincadeiras favoritas, próprias de festinhas.

Quando você tiver desenvolvido uma ampla gama de atividades, será preciso pensar sobre os locais onde encontrar os materiais. Obviamente que as lojas de brinquedos são os locais mais importantes. Lojas de grande porte, como a Toys R Us, lhe trarão inspiração à medida que caminhar por elas. Se você reside nos EUA, a Archie McPhee é uma excelente fonte para brinquedos realmente fora de estoque e outros materiais (os produtos são vendidos por meio de seu website, mas para países fora dos EUA e Canadá, as despesas de postagem provavelmente serão proibitivas). Em relação a materiais mais básicos, tais como tiras, corda e fita de vedação, valerá uma visita aos estabelecimentos do tipo "faça-você-mesmo". Finalmente, o material de escritório mais básico, tais como canetas, papel, cartolina, cola, tesouras etc., pode ser encontrado em papelarias.

LIVROS

Leslie Bendaly, *Games Teams Play*, McGraw-Hill, 1996.

Rex Davies e David McDermott, *Mind-Opening Training Games*, McGraw-Hill, 1996.

Gary Kroehnert, *100 Training Games*, McGraw-Hill, 1992.

Ken Jones, *Icebreakers: A Sourcebook of Games, Exercises, and Stimulations*, Gulf, 1997.

Rod Napier, *Advanced Games for Trainers*, McGraw-Hill, 1998.

John Newstrom e Edward Scannell, *Games Trainers Play*, McGraw-Hill, 1989.

John Newstrom e Edward Scannell, *Even More Games Trainers Play*, McGraw-Hill, 1994.

John Newstrom e Edward Scannell, *The Big Book of Business Games*, McGraw-Hill, 1996.

Carolyn Nilson, *Team Games for Trainers*, McGraw-Hill, 1993.

Carolyn Nilson, *More Team Games for Trainers*, McGraw-Hill, 1997.

FONTES DA WEB

A indicação de recursos da Web em um livro é sempre arriscada, pois a rede mundial de computadores muda em um nível muito mais rápido do que os materiais impressos. O melhor meio de se encontrarem dicas e técnicas é utilizar um site de busca, como o Yahoo (www.yahoo.com) ou Altavista (www.altavista.digital.com). Incluímos nesta seção algumas referências que fornecem uma orientação sobre os tipos de material disponíveis.

Em primeiro lugar, dê uma pesquisada no site da Creativity Unleashed Limited (www.cul.co.uk) para obter idéias e inspiração. Ainda, pesquise o Idea Exchange (Intercâmbio de Idéias) no Idea Zone (www.ideazone.com). Como sugere o título, há várias boas idéias que podem ser encontradas nesse site. Smart Biz (www.smartbiz.com) disponibiliza uma gama de informações úteis sobre negócios. Há pelo menos uma seção que será relevante para seu trabalho, e a ferramenta de busca existente no site pode ajudá-lo na sua pesquisa e na de outros.

Um endereço bastante específico que, sem sombra de dúvida, mudou depois que este livro foi publicado, é o wiuadm1.wiu.Edu/miosa/Lessons/warm-ups.htm.

Finalmente, embora você deva empreender esforços no sentido de utilizar os mecanismos de busca, não se esqueça de verificar o Usenet – a versão na Internet dos quadros de boletins *on-line*. O grupo misc.business.facilitators normalmente tem algumas discussões interessantes e proveitosas.

Apêndice 1

O Seletor

Este anexo contém um conjunto de tabelas que vai ajudá-lo a encontrar a atividade que melhor se adapta às suas necessidades. O primeiro conjunto é um seletor aleatório. Isso pode ser efetivo se você não está seguro em que ponto iniciar, ou percebe que está ficando preso a uma rotina. Os próximos conjuntos de tabelas estão organizados pelo número de estrelas para cada atividade, para facilitar a seleção de, digamos, uma atividade para aumento de energia dos membros de uma equipe. Finalmente, surgem tabelas organizadas com base nos tempos de preparação e de realização dos exercícios.

O SELETOR ALEATÓRIO

Apanhe um relógio que tenha o ponteiro de segundos e anote o número para o qual ele está apontando naquele momento. Selecione a atividade correspondente àquele número partindo da listagem das 60 abaixo. Elas são quase que exclusivamente dos Capítulos 3 ao 5, mas excluem algumas atividades de quebra-gelo que são planejadas simplesmente para formação de pares, e incluem três das atividades de maior grau de preparação do Capítulo 6, que podem funcionar com uma preparação relativamente pequena.

Nº	Ref.	Título	Nº	Ref.	Título
1	3.1	Este é meu amigo	20	4.5	Sobre o quadrado
2	3.2	Torre de Babel	21	4.6	Nós
3	3.3	Sim!	22	4.7	Algemas
4	3.4	Atividade de fim de semana	23	4.8	Transformação
			24	4.9	Rapaz encontra garota
5	3.5	Siga meu líder	25	4.10	Corrida de cavalos entre obstáculos
6	3.6.	Barbante e colher			
7	3.7	Corrida de cavalinho	26	4.11	Círculo de energia
8	3.8	Fileira de olhos	27	4.12	Passem-me energia!
9	3.9	Verdadeiro e falso	28	4.13	Um quadrado extra
10	3.10	Eu sou e conheço	29	4.14	A máquina de pessoas
11	3.14	Confie em mim, vou segurá-lo!	30	4.15	Competição do elástico
12	3.15	Sente-se no meu colo	31	4.16	Provas do cão pastor
13	3.16	Sentido e sensibilidade	32	4.17	Tapete mágico
14	3.17	Você é um animal	33	4.18	Competição das bexigas
15	3.18	Você é maravilhoso porque...			
			34	4.19	Prontos para a contagem!
16	4.1	Competição dos clipes de papel			
			35	4.20	Rabos de vaca
17	4.2	Voleibol de bexigas	36	4.21	Grupos de pares
18	4.3	O túnel mágico	37	4.22	Gigantes, bruxas e anões
19	4.4	Estourando com energia			

Nº	Ref.	Título	Nº	Ref.	Título
38	4.23	Aspirar e soprar	49	5.10	O desenho errado
39	4.24	Competição dos ímãs	50	5.11	Desenhos abstratos
40	5.1	Construção de torres	51	5.12	Quadrado mágico
41	5.2	"E"s	52	5.13	Deixe-me contar-lhe uma história
42	5.3	Palavras de difícil pronúncia	53	5.14	Navegador
43	5.4	Compre de mim	54	5.15	Slogans absurdos
44	5.5	Datas de nascimento às escuras	55	5.16	Passando a responsabilidade
45	5.6	Animais	56	5.17	Que lixo!
46	5.7	Idéias para despedir alguém	57	5.18	Ferramentas inusitadas
47	5.8	A a Z	58	6.5	Fontástico
48	5.9	Lançamento de aviõezinhos de papel	59	6.7	Regra das regras
			60	6.10	Caça ao tesouro

ATIVIDADES ORDENADAS PELO TRABALHO EM EQUIPE

Esta tabela organiza as atividades com base no número de estrelas referente ao trabalho em equipe. Elas estão dispostas na ordem decrescente do número de estrelas: as atividades com maior número de estrelas se encontram na parte superior, e as com menor número, na parte inferior da tabela.

Ref.	Título	Ref.	Título
✪✪✪✪		✪✪✪	
3.16	Sentido e sensibilidade	4.5	Sobre o quadrado
3.17	Você é maravilhoso porque...	4.6	Nós
		4.8	Transformação
5.1	Construção de torres	4.9	Rapaz encontra garota
5.17	Que lixo!	4.11	Círculo de energia
6.5	Fontástico	4.13	Um quadrado extra
6.11	Construções com blocos Lego	4.14	A máquina das pessoas
		4.15	Competição do elástico
✪✪✪		4.16	Provas do cão pastor
3.2	Torre de Babel	4.17	Tapete mágico
3.3	Sim!	4.22	Gigantes, bruxas e anões
3.5	Siga meu líder	5.3	Palavras de difícil pronúncia
3.7	Corrida de cavalinho	5.5	Datas de nascimento às escuras
3.8	Fileira de olhos		
3.9	Verdadeiro e falso	5.7	Idéias para despedir alguém
3.14	Confie em mim, vou segurá-lo!	5.9	Lançamento de aviõezinhos de papel
3.15	Sente-se no meu colo		
3.17	Você é um animal	5.14	Navegador
4.1	Competição dos clipes de papel	5.15	Slogans absurdos
		5.16	Passando a responsabilidade
4.2	Voleibol de bexigas		
4.3	O túnel mágico	5.18	Ferramentas inusitadas

Ref.	Título	Ref.	Título
✪✪✪		✪✪	
6.4	Instantâneos	4.24	Competição dos ímãs
6.6	Alerta de bomba	5.6	Animais
6.9	A cadeia da Web	5.8	A a Z
6.10	Caça ao tesouro	5.10	O desenho errado
		5.11	Desenhos abstratos
✪✪		5.12	Quadrado mágico
3.1	Este é meu amigo	5.13	Deixe-me contar-lhe uma história
3.4	Atividade de fim de semana		
3.6	Barbante e colher	6.1	Corrente de pessoas
3.10	Eu sou e conheço	6.2	Pescaria de contratos
3.11	Escolha de pares	6.3	Navegando na Internet
3.12	Chaves no círculo	6.12	Objetos sem sentido
3.13	Fitas numa caixa		
4.4	Estourando com energia	✪	
4.7	Algemas	4.19	Prontos para a contagem
4.10	Corrida de cavalos entre obstáculos	4.21	Grupos de pares
4.12	Passem-me energia!	5.2	"E"s
4.18	Competição das bexigas	5.4	Compre de mim
4.20	Rabos de vaca	6.7	Regra das regras
4.23	Aspirar e soprar	6.8	Demônio da competição

ATIVIDADES ORDENADAS PELA FUNÇÃO DE QUEBRA-GELO

Esta tabela organiza as atividades com base no número de estrelas referente à função de quebrar o gelo dos membros de uma equipe. Elas estão dispostas na ordem decrescente do número de estrelas: as atividades com maior número de estrelas se encontram na parte superior, e as com menor número, na parte inferior da tabela.

Ref.	Título	Ref.	Título
✪✪✪✪		✪✪	
3.1	Este é meu amigo	3.11	Escolha de pares
3.4	Atividade de fim de semana	3.12	Chaves no círculo
3.5	Siga meu líder	3.13	Fitas numa caixa
3.6	Barbante e colher	3.15	Sente-se no meu colo
3.8	Fileira de olhos	4.1	Competição dos clipes de papel
3.9	Verdadeiro e falso		
3.16	Sentido e sensibilidade	4.4	Estourando com energia
3.17	Você é um animal	4.5	Sobre o quadrado
3.18	Você é maravilhoso porque...	4.6	Nós
6.1	Corrente de pessoas	4.11	Círculo de energia
		4.12	Passem-me energia!
✪✪✪		4.13	Um quadrado extra
3.2	Torre de Babel	4.15	Competição do elástico
3.3	Sim!	4.16	Provas do cão pastor
3.7	Corrida de cavalinho	4.17	Tapete mágico
3.10	Eu sou e conheço	4.19	Prontos para a contagem!
3.14	Confie em mim, vou segurá-lo!	4.20	Rabos de vaca
		4.21	Grupos de pares
4.7	Algemas	4.22	Gigantes, bruxas e anões
4.8	Transformação	5.1	Construção de torres
4.23	Aspirar e soprar	5.2	"E"s
5.5	Datas de nascimento às escuras	5.3	Palavras de difícil pronúncia
6.5	Fontástico	5.4	Compre de mim

Ref.	Título	Ref.	Título
○○		○	
5.6	Animais	4.10	Corrida de cavalos entre obstáculos
5.10	O desenho errado		
5.11	Desenhos abstratos	4.14	A máquina de pessoas
5.13	Deixe-me contar-lhe uma história	4.18	Competição das bexigas
		4.24	Competição dos imãs
5.15	Slogans absurdos	5.7	Idéias para despedir alguém
5.17	Que lixo!		
6.2	Pescaria de contratos	5.8	A a Z
6.6	Alerta de bomba	5.9	Lançamentos de aviõezinhos de papel
6.8	Demônio da competição		
6.9	A cadeia da Web	5.12	Quadrado mágico
6.11	Construções com blocos Lego	5.14	Navegador
		5.16	Passando a responsabilidade
6.12	Objetos sem sentido		
		5.18	Ferramentas inusitadas
○		6.3	Navegando na Internet
4.2	Voleibol de bexigas	6.4	Instantâneos
4.3	O túnel mágico	6.7	Regra das regras
4.9	Rapaz encontra garota	6.10	Caça ao tesouro

ATIVIDADES ORDENADAS PELA FUNÇÃO DE ENERGIA

Esta tabela organiza as atividades com base no número de estrelas referente à função de aumentar a energia dos membros de uma equipe. Elas estão dispostas na ordem decrescente do número de estrelas: as atividades com maior número de estrelas se encontram na parte superior, e as com menor número, na parte inferior da tabela.

Ref.	Título	Ref.	Título
✪✪✪✪		✪✪✪✪	
3.7	Corrida de cavalinho	6.5	Fontástico
3.10	Eu sou e conheço	6.10	Caça ao tesouro
3.15	Sente-se no meu colo	6.12	Objeto sem sentido
4.1	Competição dos clipes de papel	✪✪✪	
4.2	Voleibol de bexigas	3.2	Torre de Babel
4.4	Estourando com energia	3.3	Sim!
4.5	Sobre o quadrado	3.5	Siga meu líder
4.6	Nós	3.6	Barbante e colher
4.10	Corrida de cavalos entre obstáculos	3.9	Verdadeiro e falso
4.11	Círculo de energia	3.11	Escolha de pares
4.12	Passem-me energia!	3.12	Chaves no círculo
4.13	Um quadrado extra	3.13	Fitas numa caixa
4.14	A máquina de pessoas	3.14	Confie em mim, vou segurá-lo!
4.15	Competição do elástico	3.16	Sentido e sensibilidade
4.16	Provas do cão pastor	3.17	Você é um animal
4.17	Tapete mágico	4.3	O túnel mágico
4.21	Grupos de pares	4.7	Algemas
4.22	Gigantes, bruxas e anões	4.8	Transformação
5.5	Datas de nascimento às escuras	4.9	Rapaz encontra garota
		4.18	Competição das bexigas
6.2	Pescaria de contratos	4.19	Prontos para a contagem!
6.4	Instantâneos	4.20	Rabos de vaca

Ref.	Título	Ref.	Título
✪✪✪		✪✪	
4.23	Aspirar e soprar	5.9	Lançamento de aviõezinhos de papel
4.24	Competição dos ímãs		
5.1	Construção de torres	5.10	O desenho errado
5.3	Palavra de difícil pronúncia	5.11	Desenhos abstratos
5.4	Compre de mim	5.13	Deixe-me contar-lhe uma história
5.6	Animais		
5.8	A a Z	5.14	Navegador
5.15	Slogans absurdos	5.16	Passando a responsabilidade
6.1	Corrente de pessoas		
6.6	Alerta de bomba	5.17	Que lixo!
6.8	Demônio da competição	5.18	Ferramentas inusitadas
6.11	Construções com bloco Lego™	6.3	Navegando na Internet
		6.7	Regra das regras
✪✪		6.9	A cadeia da Web
3.1	Este é meu amigo		
3.4	Atividade de fim de semana	✪	
3.8	Fileira de olhos		
5.2	"E"s	3.18	Você é maravilhoso porque...
5.7	Idéias para despedir alguém	5.12	Quadrado mágico

ATIVIDADES ORDENADAS PELA FUNÇÃO DE CRIATIVIDADE

Esta tabela organiza as atividades com base no número de estrelas referente à função de aumentar a criatividade dos membros de uma equipe. Elas estão dispostas na ordem decrescente do número de estrelas: as atividades com maior número de estrelas se encontram na parte superior, e as com menor número, na parte inferior da tabela.

Ref.	Título	Ref.	Título
✪✪✪✪		✪✪✪	
4.7	Algemas	4.3	O túnel mágico
5.2	"E"s	4.9	Rapaz encontra garota
5.4	Compre de mim	4.13	Um quadrado extra
5.5	Datas de nascimento às escuras	5.1	Construção de torres
5.6	Animais	5.3	Palavra de difícil pronúncia
5.7	Idéias para despedir alguém	5.10	O desenho errado
5.8	A a Z	5.11	Desenhos abstratos
5.9	Lançamento de aviõezinhos de papel	5.12	Quadrado mágico
		6.3	Navegando na Internet
5.13	Deixe-me contar-lhe uma história	6.4	Instantâneos
		6.8	Demônio da competição
5.14	Navegador		
5.15	Slogans absurdos	6.11	Construções com bloco Lego™
5.16	Passando a responsabilidade		
5.17	Que lixo!	✪✪	
5.18	Ferramentas inusitadas	3.1	Este é meu amigo
6.5	Fontástico	3.2	Torre de Babel
6.6	Alerta de bomba	3.4	Atividade de fim de semana
6.7	Regra das regras		
6.9	A cadeia da Web	3.5	Siga meu líder
6.12	Objetos sem sentido	3.6	Barbante e colher

Ref. ✪✪	Título	Ref. ✪	Título
3.9	Verdadeiro e falso	3.8	Fileira de olhos
3.10	Eu sou e conheço	3.11	Escolha de pares
3.17	Você é um animal	3.12	Chaves no círculo
4.1	Competição dos clipes de papel	3.13	Fitas numa caixa
4.2	Voleibol de bexigas	3.14	Confie em mim, vou segurá-lo!
4.4	Estourando com energia		
4.5	Sobre o quadrado	3.15	Sente-se no meu colo
4.6	Nós	3.16	Sentido e sensibilidade
4.8	Transformação	3.18	Você é maravilhoso porque...
4.16	Provas do cão pastor		
4.17	Tapete mágico	4.10	Corrida de cavalos entre obstáculos
4.20	Rabos de vaca		
4.21	Grupos de pares	4.11	Círculo de energia
4.22	Gigantes, bruxas e anões	4.12	Passem-me energia!
6.1	Corrente de pessoas		
6.2	Pescaria de contratos	4.14	A máquina de pessoas
6.10	Caça ao tesouro	4.15	Competição do elástico
Ref. ✪	Título	4.18	Competição das bexigas
		4.19	Prontos para a contagem
3.4	Sim!	4.23	Aspirar e soprar
3.7	Corrida de cavalinho	4.24	Competição dos ímãs

ATIVIDADES ORDENADAS PELA FUNÇÃO DE DIVERSÃO

Esta tabela organiza as atividades com base no número de estrelas referente à função de divertir os membros de uma equipe. Elas estão dispostas na ordem decrescente do número de estrelas: as atividades com maior número de estrelas se encontram na parte superior, e as com menor número, na parte inferior da tabela.

Ref.	Título	Ref.	Título
✪✪✪✪		✪✪✪✪	
3.1	Este é meu amigo	5.3	Palavras de difícil pronúncia
3.2	Torre de Babel	5.4	Compre de mim
3.5	Siga meu líder	5.7	Idéias para despedir alguém
3.6	Barbante e colher	6.2	Pescaria de contratos
4.4	Estourando com energia	6.4	Instantâneos
4.5	Sobre o quadrado	6.5	Fontástico
4.6	Nós	6.6	Alerta de bomba
4.8	Transformação	6.8	Demônio da competição
4.10	Corrida de cavalos entre obstáculos	6.10	Caça ao tesouro
4.13	Um quadrado extra	6.11	Construções com blocos Lego™
4.14	A máquina das pessoas	✪✪✪	
4.15	Competição do elástico	3.4	Atividade de fim de semana
4.16	Provas do cão pastor	3.7	Corrida de cavalinho
4.17	Tapete mágico	3.9	Verdadeiro e falso
4.18	Competição das bexigas	3.10	Eu sou e conheço
4.19	Prontos para a contagem!	3.11	Escolha de pares
4.20	Rabos de vaca	3.12	Chaves no círculo
4.21	Grupos de pares	3.15	Sente-se no meu colo
4.22	Gigantes, bruxas e anões	3.16	Sentido e sensibilidade
4.23	Aspirar e soprar	3.17	Você é um animal
4.24	Competição dos ímãs		
5.1	Construção de torres		

Ref.	Título	Ref.	Título
✪✪✪		✪✪✪	
4.1	Competição dos clipes de papel	5.17	Que lixo!
		5.18	Ferramentas inusitadas
4.2	Voleibol de bexigas	6.1	Corrente de pessoas
4.3	O túnel mágico	6.3	Navegando na Internet
4.7	Algemas	6.7	Regra das regras
4.9	Rapaz encontra garota	6.9	A cadeia da Web
4.12	Passem-me energia!	6.12	Objetos sem sentido
5.2	"E"s		
5.5	Datas de nascimento às escuras	✪✪	
		3.3	Sim!
5.6	Animais	3.8	Fileira de olhos
5.8	A a Z	3.13	Fitas numa caixa
5.9	Lançamento de aviõezinhos de papel	3.14	Confie em mim, vou segurá-lo!
5.10	O desenho errado	4.11	Círculo de energia
5.11	Desenhos abstratos	5.12	Quadrado mágico
5.13	Deixe-me contar-lhe uma história	5.14	Navegador
5.15	Slogans absurdos	✪	
5.16	Passando a responsabilidade	3.18	Você é maravilhoso porque...

ATIVIDADES ORDENADAS PELA FACILIDADE DE PREPARAÇÃO

Esta tabela organiza as atividades com base na facilidade com que você pode se preparar para os exercícios. As atividades na parte superior não necessitam nenhuma preparação; as na parte inferior necessitam de muito mais preparação.

Ref.	Título
3.1	Este é meu amigo
3.3	Sim!
3.4	Atividade de fim de semana
3.8	Fileira de olhos
3.9	Verdadeiro e falso
3.11	Escolha de pares
3.12	Chaves no círculo
3.14	Confie em mim, vou segurá-lo!
3.15	Sente-se no meu colo
3.18	Você é maravilhoso porque...
4.6	Nós
4.9	Rapaz encontra garota
4.11	Círculo de energia
4.12	Passem-me energia!
4.14	A máquina de pessoas
4.19	Prontos para a contagem!
4.21	Grupos de pares
4.22	Gigantes, bruxas e anões
5.2	"E"s
5.3	Palavras de difícil pronúncia
5.4	Compre de mim
5.11	Desenhos abstratos
5.12	Quadrado mágico
5.13	Deixe-me contar-lhe uma história

Ref.	Título
5.17	Que lixo!
3.2	Torre de Babel
3.17	Você é um animal
4.2	Voleibol de bexigas
4.3	O túnel mágico
4.5	Sobre o quadrado
4.23	Aspirar e soprar
5.6	Animais
5.7	Idéias para despedir alguém
5.8	A a Z
5.9	Lançamento de aviõezinhos de papel
5.18	Ferramentas inusitadas
3.10	Eu sou e conheço
5.15	Slogans absurdos
5.16	Passando a responsabilidade
4.1	Competição dos clipes de papel
4.4	Estourando com energia
4.15	Competição do elástico
4.18	Competição das bexigas
3.16	Sentido e sensibilidade
4.10	Corrida de cavalos entre obstáculos
3.5	Siga meu líder
3.6	Barbante e colher

Ref.	Título	Ref.	Título
3.13	Fitas numa caixa	5.14	Navegador
4.13	Um quadrado extra	6.5	Fontástico
4.17	Tapete mágico	6.7	Regra das regras
5.5	Datas de nascimento às escuras	6.8	Demônio da competição
		6.10	Caça ao tesouro
4.16	Provas do cão pastor	6.12	Objetos sem sentido
4.20	Rabos de vaca	6.1	Corrente de pessoas
4.24	Competição dos imãs	6.2	Pescaria de contratos
5.1	Construção de torres	6.4	Instantâneos
5.10	O desenho errado	6.11	Construções com blocos Lego™
3.7	Corrida de cavalinho	6.3	Navegando na Internet
4.7	Algemas	6.6	Alerta de bomba
4.8	Transformação	6.9	A cadeia da Web

ATIVIDADES ORDENADAS PELO TEMPO DE EXECUÇÃO

Esta tabela organiza as atividades com base no tempo que elas levam para ser executadas. As atividades na parte superior são mais rápidas do que aquelas encontradas na parte inferior da tabela. Algumas atividades são dependentes do tamanho da equipe; dessa forma, tomamos como modelo uma equipe com cerca de dez pessoas.

Ref.	Título	Ref.	Título
3.3	Sim!	4.10	Corrida de cavalos entre obstáculos
3.15	Sente-se no meu colo		
4.5	Sobre o quadrado	4.11	Círculo de energia
4.19	Prontos para a contagem!	4.12	Passem-me energia!
3.11	Escolha de pares	4.14	A máquina de pessoas
3.14	Confie em mim, vou segurá-lo!	4.15	Competição do elástico
		4.20	Rabos de vaca
4.4	Estourando com energia	4.21	Grupos de pares
4.6	Nós	4.22	Gigantes, bruxas e anões
4.18	Competição das bexigas	4.23	Aspirar e soprar
5.2	"E"s	4.24	Competição dos imãs
5.16	Passando a responsabilidade	5.1	Construção de torres
3.2	Torre de Babel	5.3	Palavras de difícil pronúncia
3.4	Atividade de fim de semana	5.5	Datas de nascimento às escuras
3.6	Barbante e colher		
3.7	Corrida de cavalinho	5.8	A a Z
3.8	Fileira de olhos	5.9	Lançamento de aviõezinhos de papel
3.12	Chaves no círculo		
3.13	Fitas numa caixa	5.10	O desenho errado
4.1	Competição dos clipes de papel	5.11	Desenhos abstratos
		5.12	Quadrado mágico
4.3	O túnel mágico	5.14	Navegador
4.7	Algemas	5.15	Slogans absurdos
4.9	Rapaz encontra garota	6.2	Pescaria de contratos

Ref.	Título	Ref.	Título
6.7	Regra das regras	5.17	Que lixo!
5.6	Animais	5.18	Ferramentas inusitadas
3.5	Siga meu líder		
3.17	Você é um animal	6.1	Corrente de pessoas
4.2	Voleibol de bexigas	6.4	Instantâneos
3.1	Este é meu amigo	6.5	Fontástico
3.9	Verdadeiro e falso	6.6	Alerta de bomba
3.10	Eu sou e conheço	6.8	Demônio da competição
3.18	Você é maravilhoso porque...	6.9	A cadeia da Web
		6.10	Caça ao tesouro
4.13	Um quadrado extra	6.11	Construções com blocos Lego™
4.16	Provas do cão pastor		
4.17	Tapete mágico	6.12	Objetos sem sentido
5.4	Compre de mim	3.16	Sentido e sensibilidade
5.7	Idéias para despedir alguém	4.8	Transformação
5.13	Deixe-me contar-lhe uma história	6.3	Navegando na Internet

Coleção *Instant*

A Qualitymark lança a coleção *Instant* para autotreinamento. A coleção foi idealizada para atender as necessidades e as características de cada leitor, por meio da apresentação de uma série de idéias de rápida leitura e implementação. Acompanhado de sugestões comprovadas e conselhos úteis, os livros também contêm exercícios que irão ajudar o leitor a desenvolver suas habilidades.

QUALITYMARK

Gerenciamento do Estresse
Autor: *Brian Clegg*
Páginas: 232
Formato: 16 x 23 cm

Da mesma forma que outros livros da série *Instant* para autotreinamento, esta obra é composta de mais de 70 exercícios, a maioria com duração entre 5 e 20 minutos. Há também uma seção mais curta de exercícios, que permitem uma auto-avaliação do nível pessoal de estresse e a identificação de sua origem. Cada exercício possui uma classificação por número de estrelas mostrando sua utilidade para controle físico, emocional ou espiritual, e como mecanismos de defesa.

De acordo com o autor, o ideal é que cada um seja capaz de entender sua resposta ao estresse e domine técnicas para se defender ou suprimi-lo. Ele afirma que sofrer de estresse geralmente significa que existe uma pressão do tempo, por isso, há um método gradativo para o gerenciamento do estresse, que ajude a modificar o comportamento em relação à vida sem que se torne uma tarefa irritante, é o modelo ideal.

Negociação
Autor: *Brian Clegg*
Páginas: 252
Formato: 16 x 23 cm

Como nos demais títulos da série, os capítulos introdutórios abordam aspectos teóricos sobre a negociação e o último capítulo apresenta 75 exercícios, com duração de 5 a 20 minutos, que podem ser usados para melhorar a capacidade negociadora.

Entre os temas abordados nos exercícios destacam-se: o espaço de realização do acordo; contemporização; pressão da concorrência; o poder do que está impresso; avaliação básica das opções; estabelecendo metas; conhecendo opositores; negociação criativa; vendendo seus pontos mais fortes; linguagem corporal; e concessões no preço.

Administração do Tempo
Autor: *Brian Clegg*
Páginas: 216
Formato: 16 x 23 cm

Nos três primeiros capítulos, o autor aborda conceitos teóricos sobre administração do tempo, autogestão e gerenciamento de influências externas, e no quarto, apresenta 72 exercícios, cada um deles abordando um aspecto da administração do tempo.

Cada um dos exercícios e técnicas contidos na obra foi idealizado para execução nos momentos vagos, sem comprometer a rotina ou as atividades cotidianas. Eles são apresentados num formato padrão, com indicações da preparação necessária, tempo para seu cumprimento, recursos a serem utilizados, escala de tempo para sua aplicação, além de sugestões de feedback, comentários sobre os resultados e possíveis variações da técnica.

O Poder do Cérebro
Autor: *Brian Clegg*
Páginas: 216
Formato: 16 x 23 cm

Como nos demais títulos da série, os capítulos introdutórios deste livro abordam aspectos teóricos sobre como o cérebro funciona. O livro traz 73 breves exercícios que poderão ser utilizados nos momentos de folga, a qualquer hora do dia.

O cérebro é o órgão mais importante do corpo humano e, ainda assim, não vem com qualquer manual de instrução. Durante toda a vida, aprendemos muito pouco sobre como melhor utilizá-lo, e isso resulta em mau aproveitamento. Buscando preencher as lacunas deixadas pela educação formal, este livro traz exercícios de capacitação do cérebro, objetivando um melhor aproveitamento de todas as suas atividades.

Entre em sintonia com o mundo

QualityPhone:
0800-263311
Ligação gratuita

Rua Teixeira Júnior, 441
São Cristóvão
20921-400 – Rio de Janeiro – RJ
Tel.: (0XX21) 3860-8422
Fax: (0XX21) 3860-8424

www.qualitymark.com.br
E-Mail: quality@qualitymark.com.br

Dados Técnicos

Formato: 16 x 23

Mancha: 12 x 19

Corpo: 11

Entrelinha: 13

Fonte: Bookman Old Style

Total de Páginas: 216

Impresso na Rotapress Gráfica e Editora LTDA
Tel: 2580-9626/ 9142 / 5816